Kleines Bremer Bilderbuch

Christiane Etmer-Baden

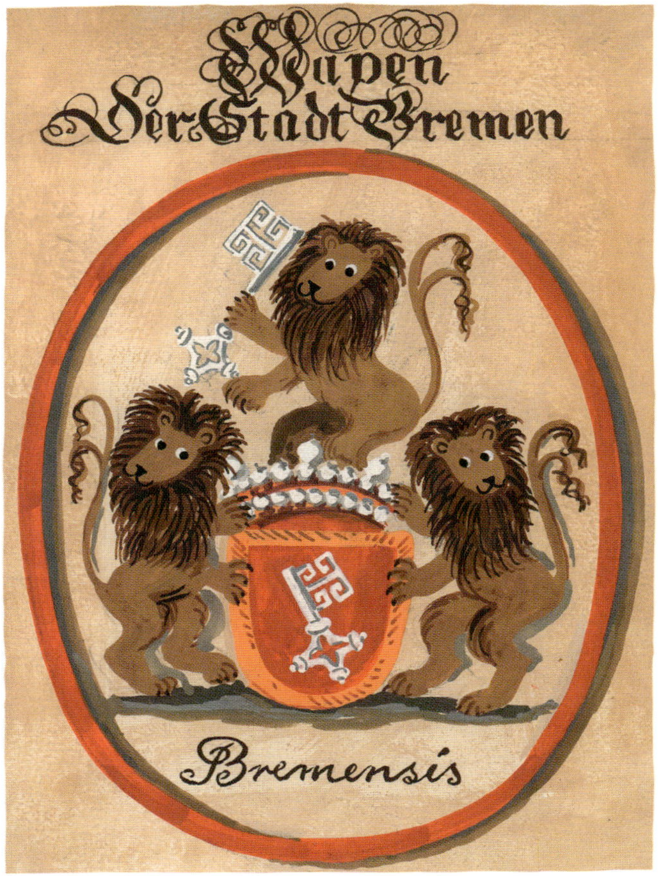

Carl Schünemann Verlag Bremen

Das Rathaus

Das imposante Bremer Rathaus wurde 1405 erbaut. In der zweiten Hälfte des 16. Jahrhunderts beschloss der Rat eine neue Fassade, der Architekt Lüder von Bentheim baute es daraufhin um. Es bekam ein neues Dach und, wie üblich in der Renaissance, drei Flandrische Treppengiebel sowie eine neue Schmuckfassade.
Oberhalb des Bogenganges stehen lebensgroße Standbilder des Kaisers und der sieben Kurfürsten, an den Seiten sind die berühmtesten Weisen des Altertums zu sehen.
Das Bremer Rathaus ist eines der schönsten Rathäuser Deutschlands und gehört zum UNESCO Weltkulturerbe.

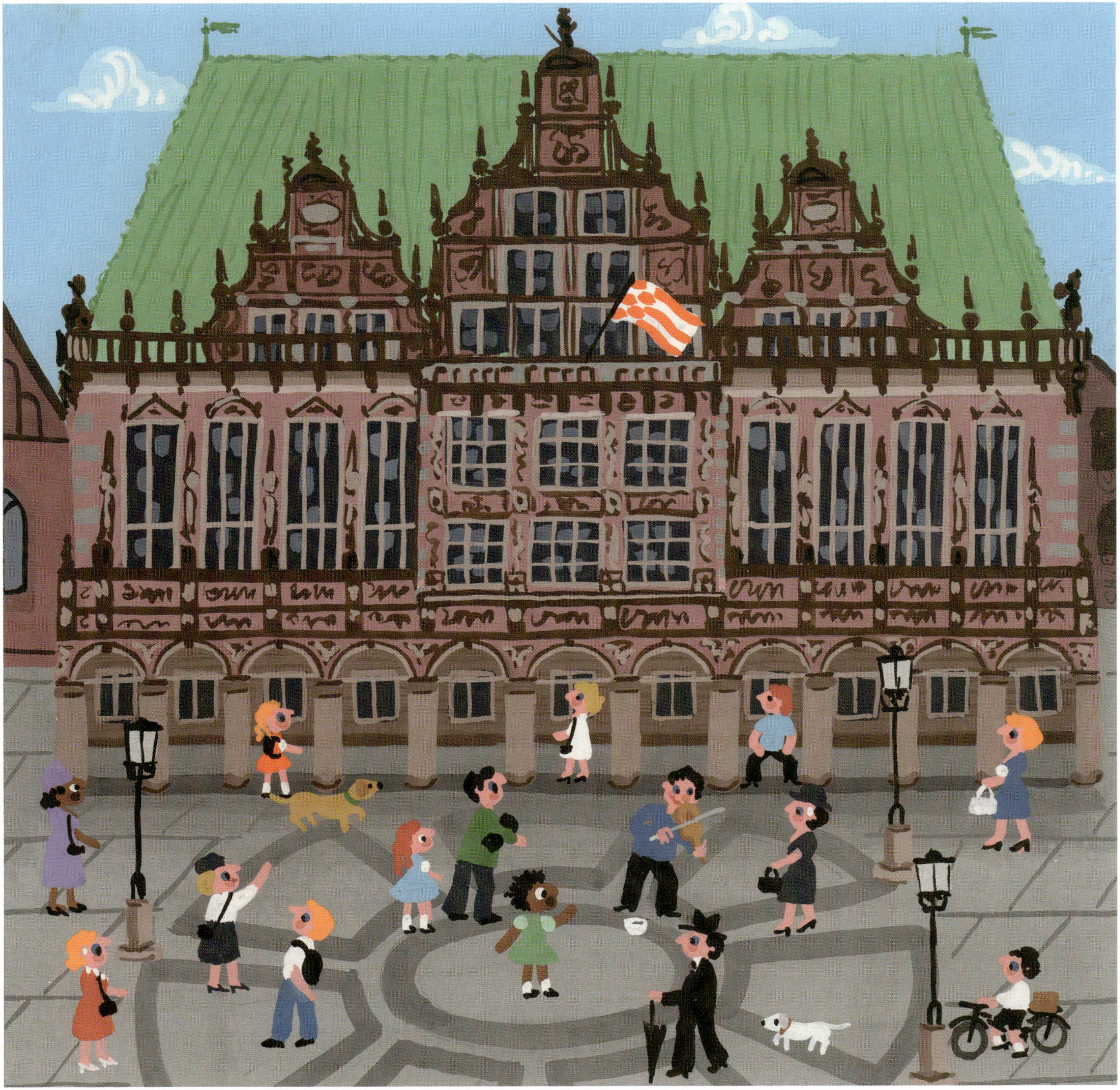

Der Ratskeller

Der weltberühmte Bremer Ratskeller wurde schon beim Bau des Rathauses 1405 mit eingeplant. Er wurde danach mehrfach erweitert und besteht heute aus der Großen Halle, dem Haufsaal, dem Apostel- und Rosekeller, dem Senats- und Kaiserzimmer, dem Bacchuskeller, der Zunftstube und der Schatzkammer. Der Ratskeller ist der älteste Weinkeller Deutschlands und beinhaltet mit über 600 Sorten die größte Auswahl deutscher Weine. Außerdem lagert hier der älteste deutsche Fasswein: der Rosewein, ein Rüdesheimer von 1653.

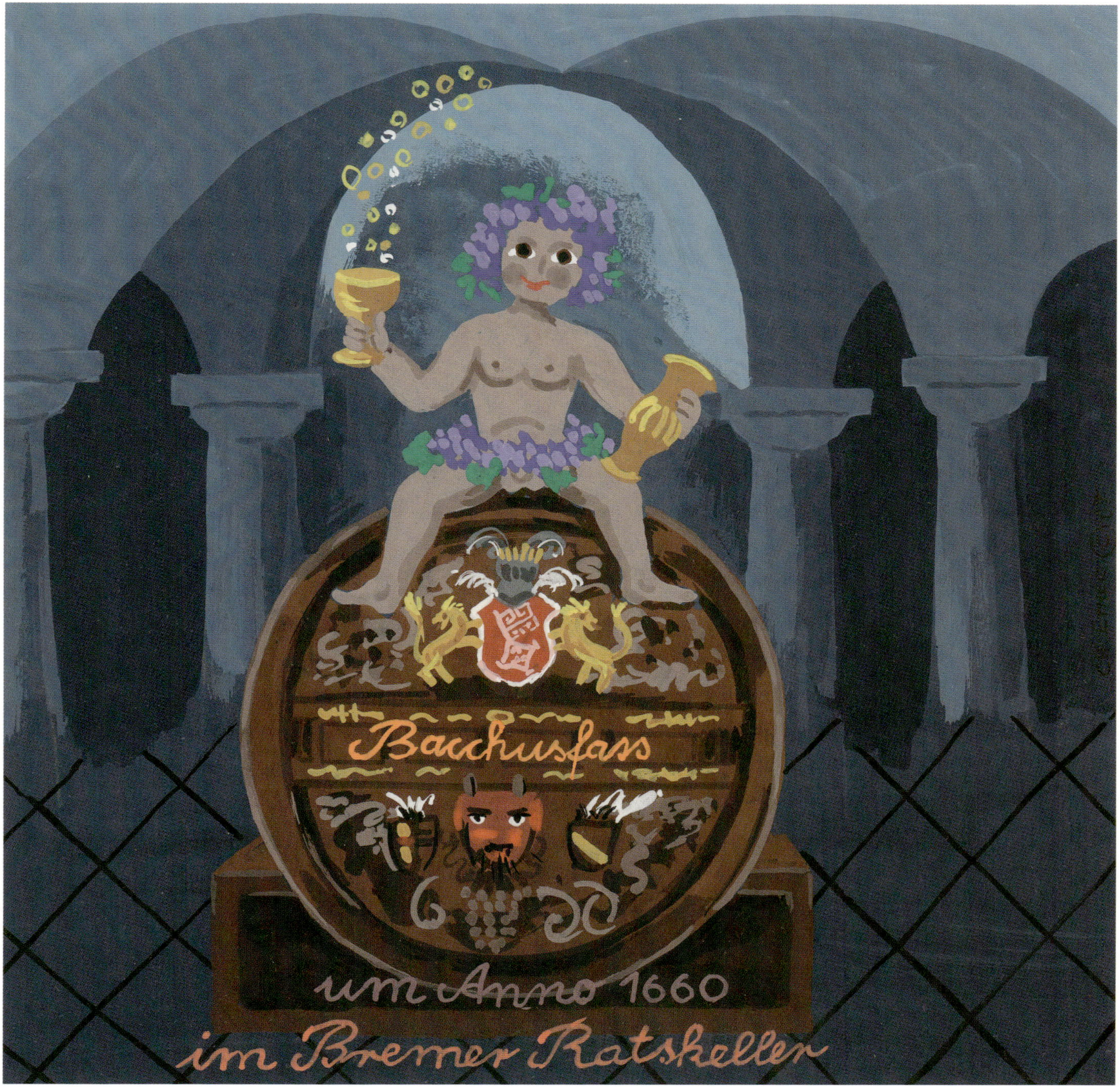
Bacchusfass
um Anno 1660
im Bremer Ratskeller

Der Schütting

Genau gegenüber vom Rathaus befindet sich der Schütting, das Haus der Kaufmannschaft und Sitz der Handelskammer. Erbaut wurde er 1537 von Johannes de Buschneer, einem Baumeister aus Antwerpen. Trotz vieler Umbauten ist der Flandrische Baustil noch erkennbar. 1594 baute Lüder von Bentheim die Marktfront im Stil der Renaissance um.
Eine prächtige Balustrade und ein Zwerggiebel schmücken die Front des Schütting. Der Wahlspruch der Kaufleute ist noch heute dort lesbar: »buten un binnen, wagen un winnen« – »draußen und drinnen, abwägen und gewinnen«.

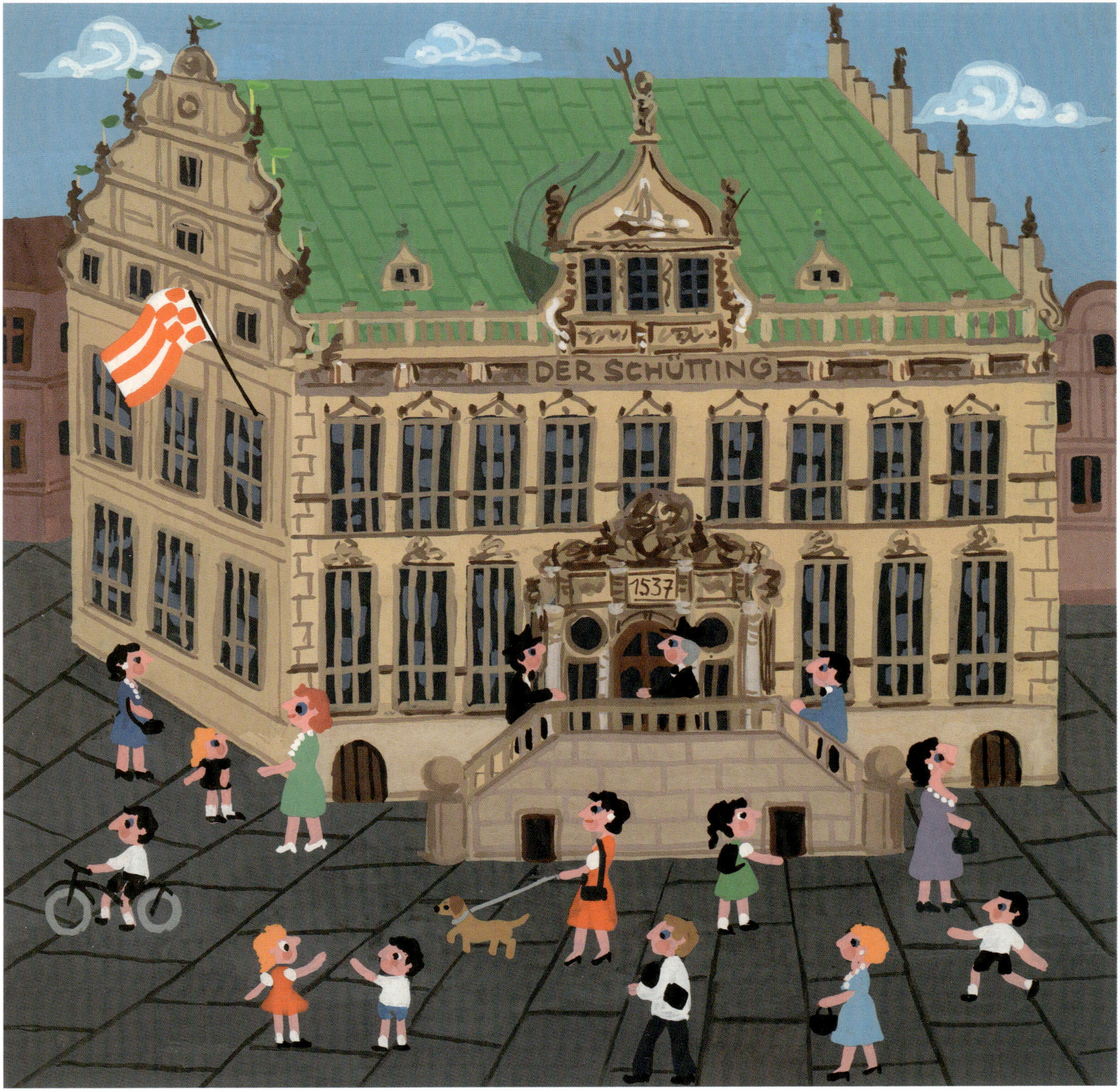
DER SCHÜTTING
1537

Der Roland

Der steinerne Roland wurde 1404 auf dem Marktplatz als Symbol für freien Handel, Unabhängigkeit und Stadtrecht errichtet, nachdem der erste Roland aus Holz 1366 verbrannt worden war. Mit seinem fußlangen Mantel, tief sitzenden Gürtel und den mit eisernen Spitzen versehenen Knien stellt das Standbild einen Ritter Karls des Großen dar. Sein Schild zeigt in der Mitte den gekrönten doppelköpfigen Reichsadler.
Der Roland wurde 2004 gemeinsam mit dem Rathaus zum UNESCO Weltkulturerbe erklärt.

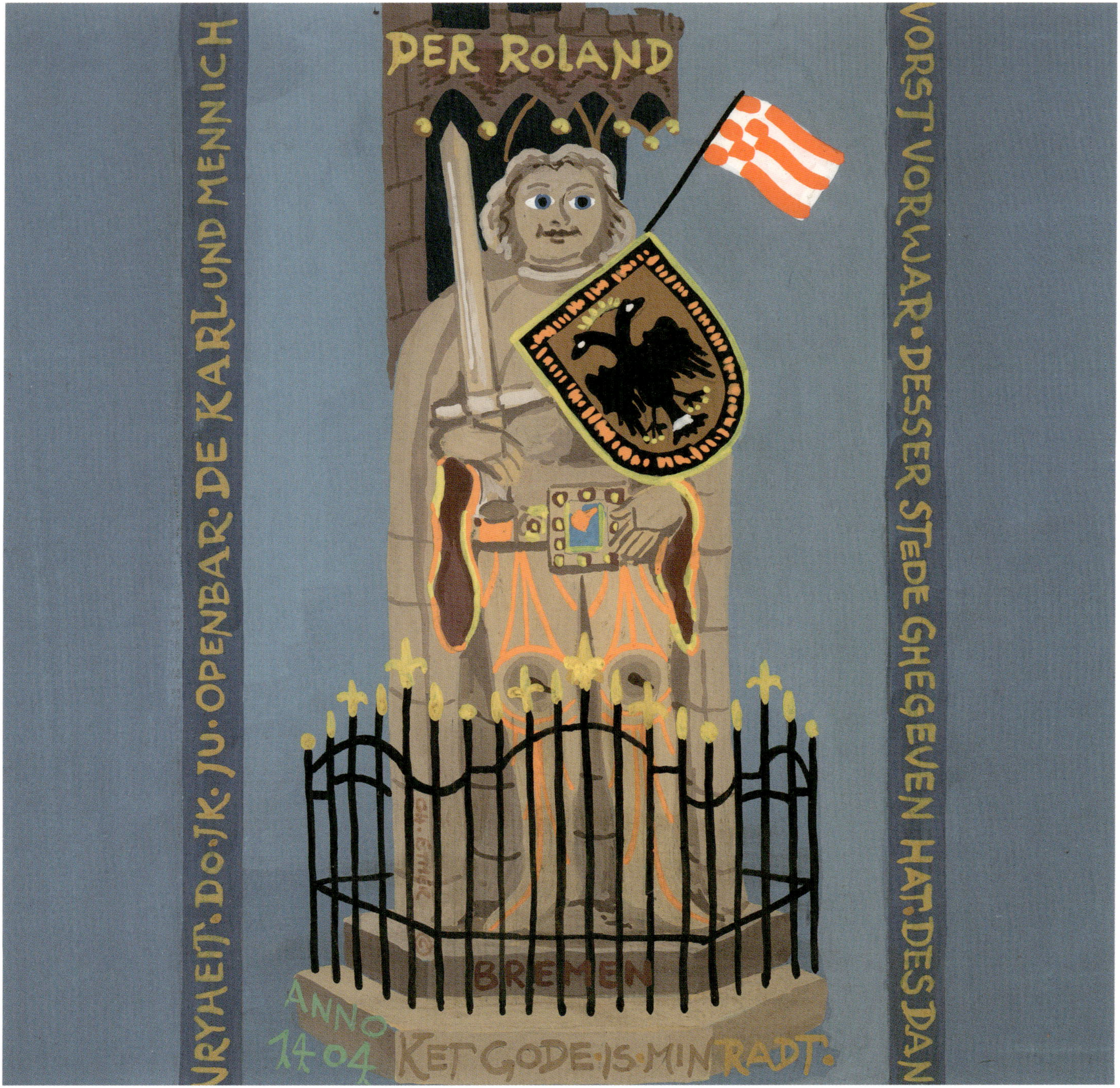
DER ROLAND
VRYHEIT · DO · IK · JU · OPENBAR · DE · KARL UND MENNICH
VORST VORWAR · DESSER STEDE GHEGEVEN HAT · DES DAN
BREMEN
ANNO 1404
KET GODE · IS · MIN RADT ·

Die Liebfrauenkirche

Die Liebfrauenkirche (eigentlich: Kirche Unser Lieben Frauen) war die erste und bis ins 13. Jahrhundert hinein einzige Pfarr- und Bürgerkirche. Nach dem Dom ist sie die älteste Kirche Bremens. Ihre Baugeschichte beginnt im 11. Jahrhundert, ihre jetzige Gestalt erhielt sie im 13. Jahrhundert. Nach westfälischem Vorbild entstanden nach 1230 die dreischiffige Hallenkirche und der Nordturm. Um 1400 folgten die Erweiterung des Chores und ein viertes Seitenschiff an der Südseite. Während der bilderfeindlichen calvinistischen Phase der Bremischen Kirchengeschichte wurde 1582 die alte Ausstattung vernichtet. Nur wenige Stücke blieben erhalten.

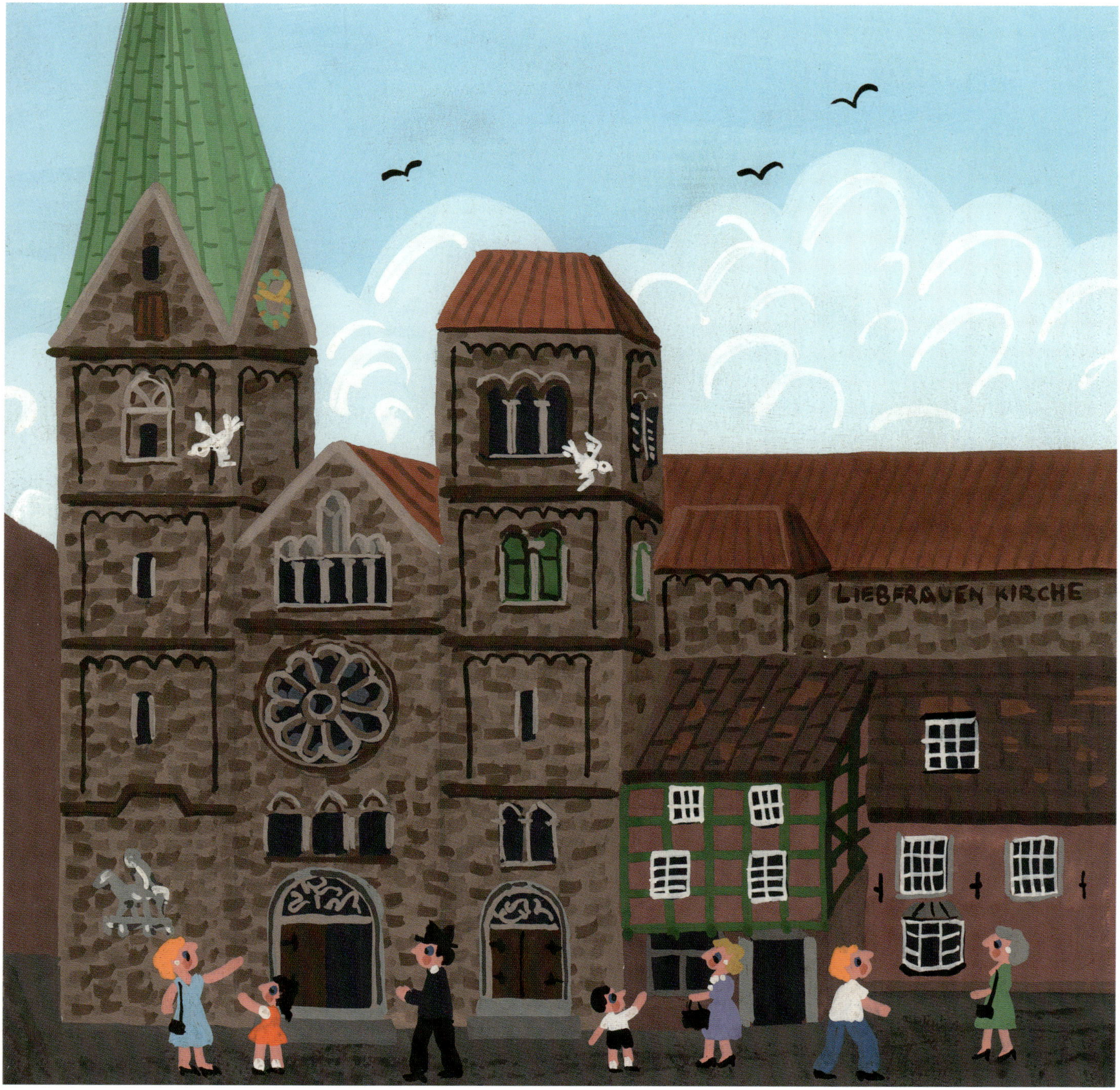
LIEBFRAUEN KIRCHE

Die Böttcherstraße

Die Geschichte der Böttcherstraße reicht bis ins Mittelalter zurück. Doch die heutige spektakuläre Gestaltung und Architektur der sogenannten »heimlichen Hauptstraße Bremens« sind aufs Engste mit dem Bremer Kaufmann Ludwig Roselius verbunden. Nach seinen Ideen wurde die Straße zu der Sehenswürdigkeit, die sie heute ist. Roselius kaufte 1902 das heutige Roseliushaus, um es als Kontor seiner Firma »Kaffee Hag« zu nutzen. Nach und nach erwarb er weitere Grundstücke. Als einige baufällige Gebäude abgerissen werden mussten, war das die Gelegenheit für Roselius, der Straße mit Hilfe des Architekten Bernhard Hoetger ihr ungewöhnliches Gesicht zu geben.

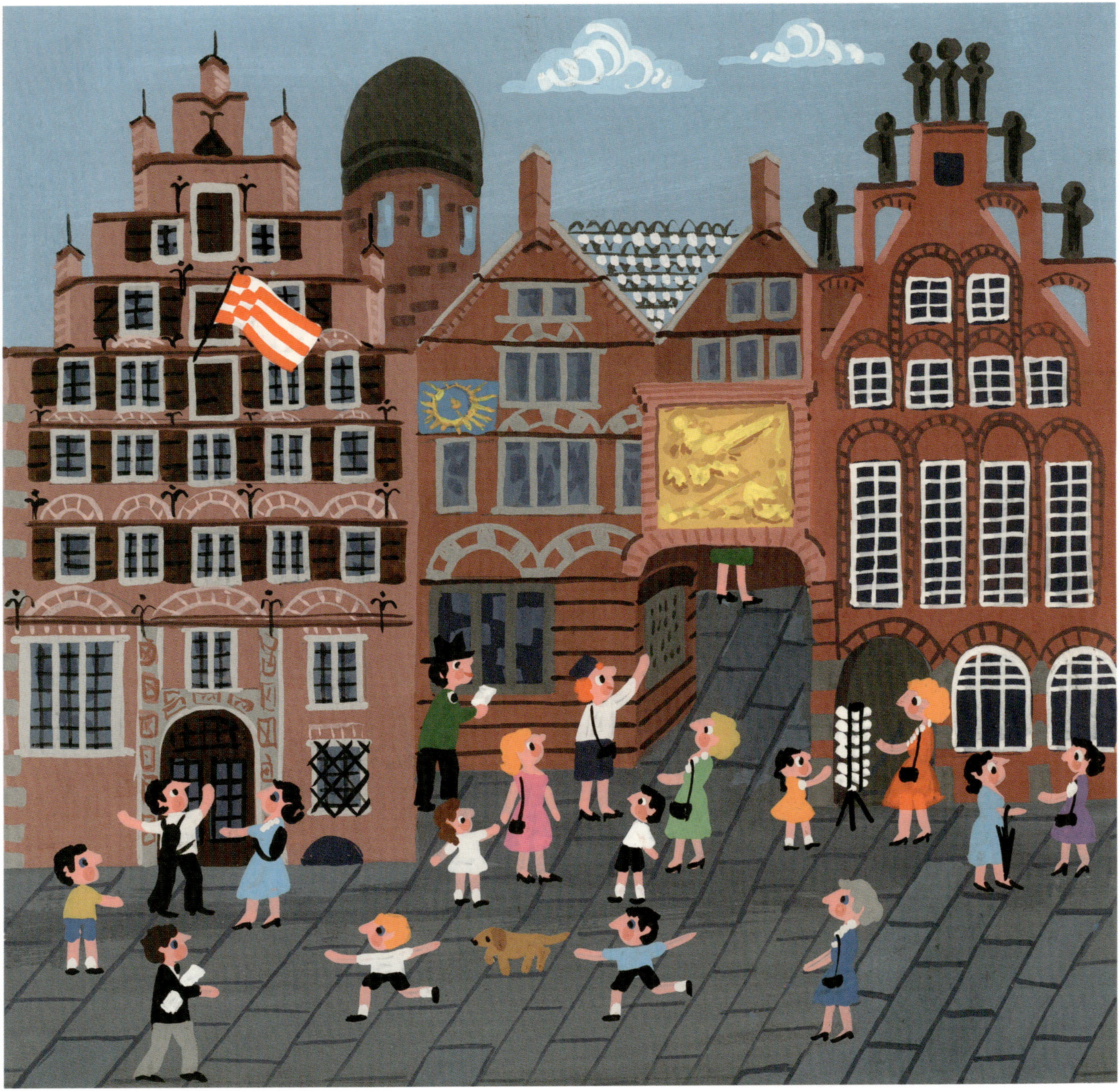

St. Petri Dom

Im Jahr 787 wurde auf der höchsten Weserdüne eine hölzerne Kirche errichtet, die jedoch schon drei Jahre später niederbrannte. 1072 ließ Erzbischof Adalbert an der gleichen Stelle aus den Steinen der alten Stadtmauer den Dom erbauen. Die dreischiffige Basilika mit Ost- und Westkrypta hat sich seit 1187 nicht verändert.
Bis 1566 wurde der Dom von Katholiken genutzt, ab 1638 dann als Lutherische Stadtkirche. Im gleichen Jahr stürzte der südliche Turm ein, er wurde erst 1888 wieder aufgebaut. Der im romanischen Stil erbaute und im gotischen Stil erneuerte Dom ist die älteste Kirche Bremens und ein wichtiges historisches Baudenkmal.

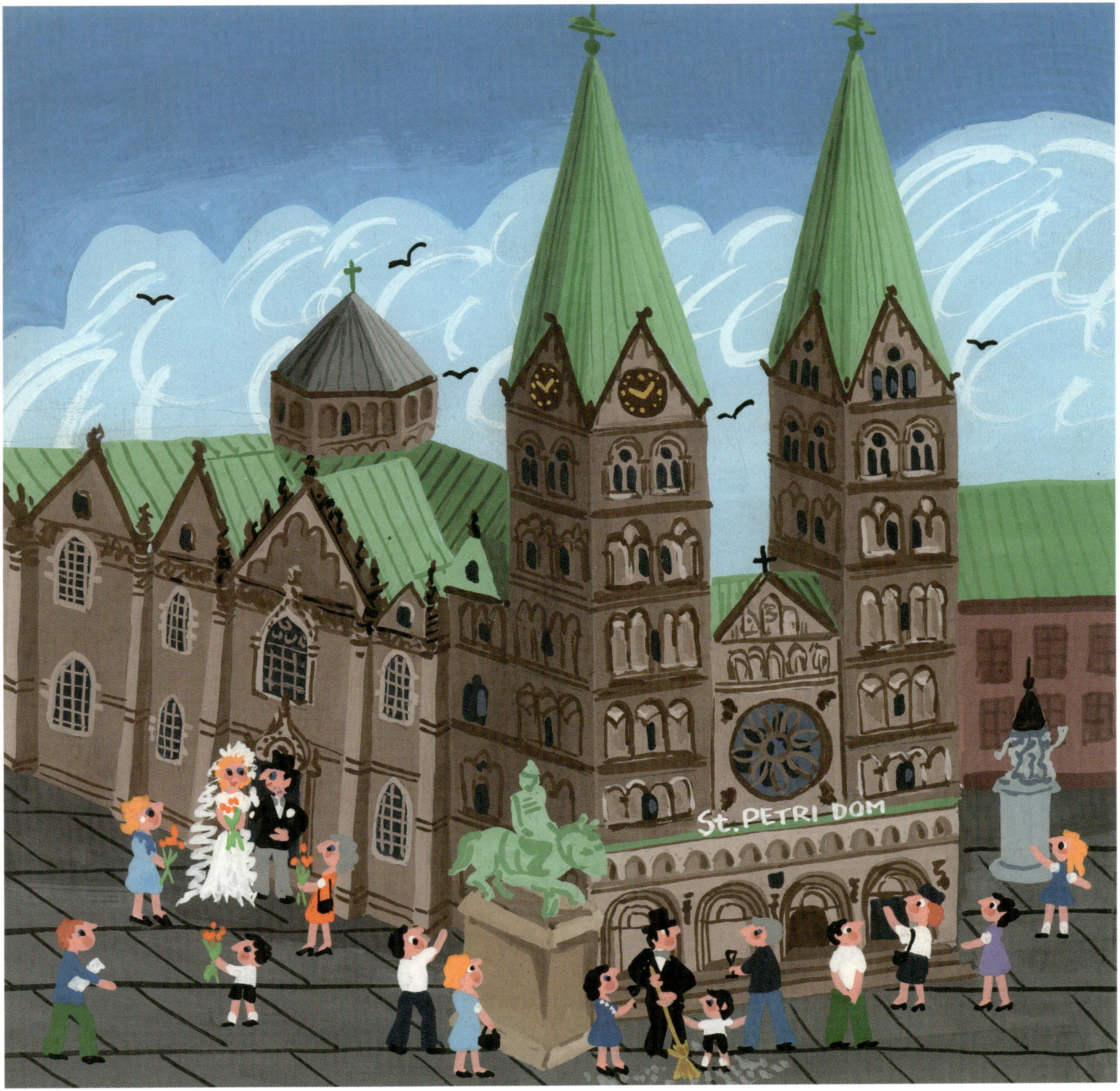
St. PETRI DOM

Die Turmbläser

1898 schenkte der Kaufmann Franz Schütte der Stadt Bremen den »Turmbläserbrunnen«, der nach einem Entwurf von Max Dennert erbaut wurde. Im Zweiten Weltkrieg wurde er als »Metallspende« eingeschmolzen, 1952 aber originalgetreu wiederaufgebaut.
Die Turmbläser erinnern an eine alte Tradition, nach der in Bremen an Sonn- und Feiertagen vom Domturm Choräle geblasen wurden.

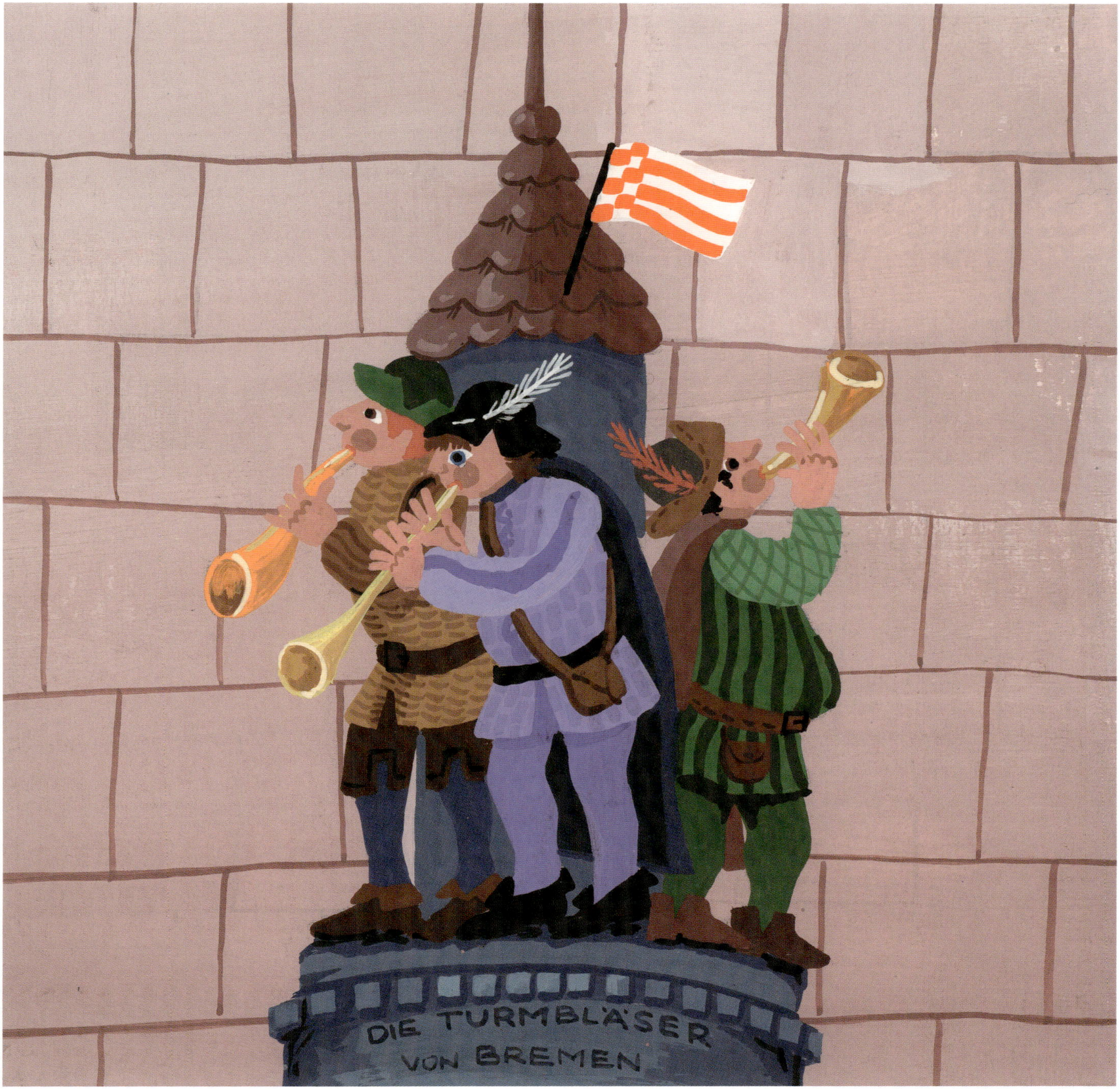
DIE TURMBLÄSER
VON BREMEN

Die Stadtwaage

Die erste Stadtwaage Bremens wurde schon 1330 erwähnt.
1440 entstand ein Waagehaus in der Langenstraße, das 1587/88 durch einen Neubau an gleicher Stelle ersetzt wurde. Lüder von Bentheim, der später die Rathausfassade gestaltete, errichtete das jetzige Haus im Stil der Weserrenaissance. Das durch Rundbogenportale zugängliche Untergeschoss diente als Wiegehalle.
Im Zweiten Weltkrieg brannte das Gebäude bis auf die Außenwände völlig aus. Mit Hilfe der Bremer Sparkasse konnte die Stadtwaage 1958 neu errichtet werden. Heute ist sie Sitz der Deutschen Kammerphilharmonie und der Günter Grass Stiftung.

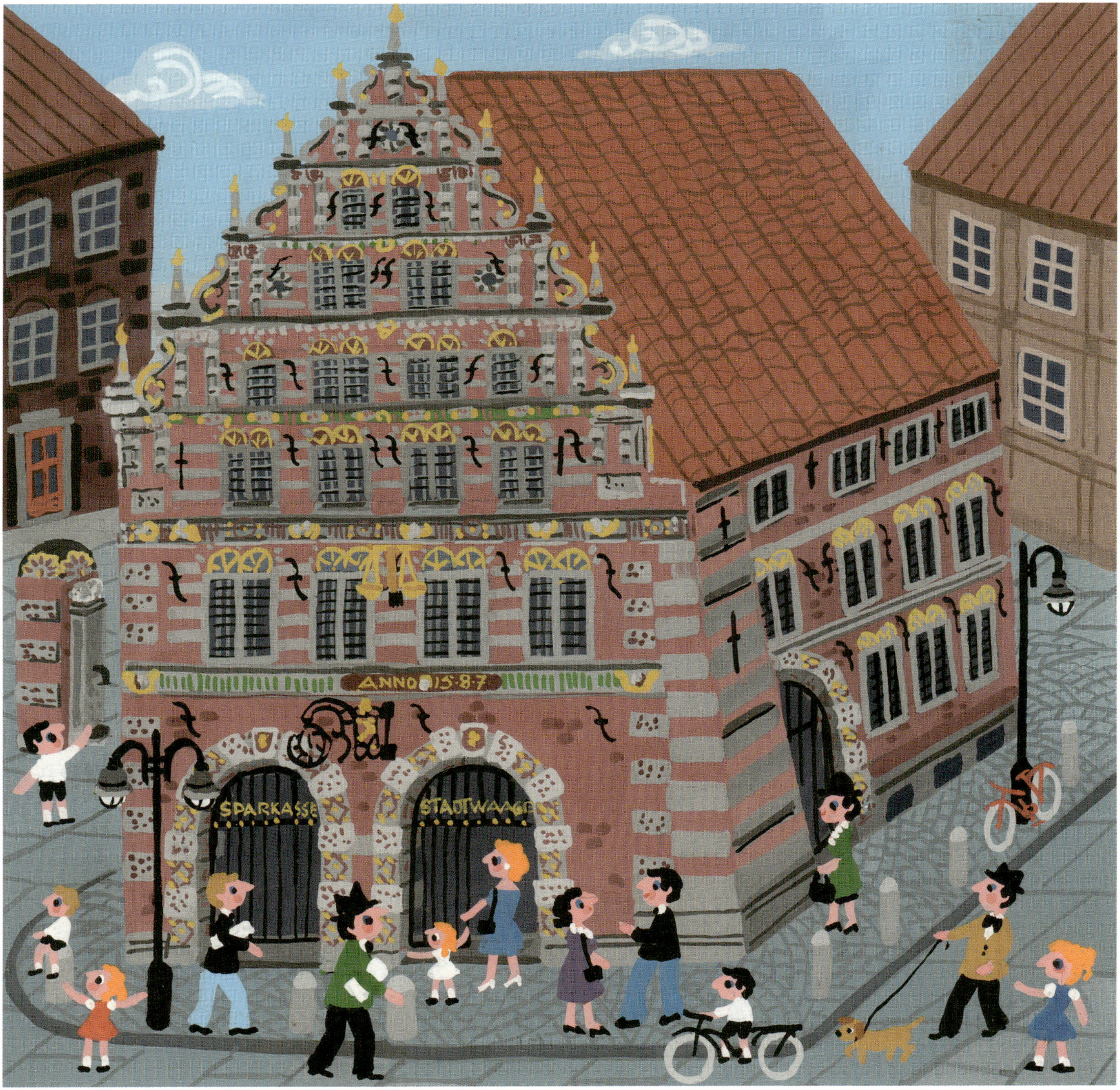
ANNO 15·8·7
SPARKASSE
STADTWAAGE

Die Glocke

An der Südseite des Domes wurde im 9. Jahrhundert ein Anbau errichtet, der zunächst als Kloster diente. Im 15. Jahrhundert entstand dort ein turmartiges Gebäude. Im 18. Jahrhundert folgte ein Neubau, in dem berühmte Schulen wie das Athenäum und die Domschule untergebracht wurden. 1869 baute H. Müller das Gebäude zum Konzertsaal um, doch schon 1915 wurde dieser durch einen Brand zerstört. Die jetzige »Glocke« – vermutlich wegen ihrer achteckigen Form so genannt – wurde 1927 bis 1928 von Walter Göring anhand des originalen Grundrisses neu erbaut. Die »Glocke« wird wegen ihrer hervorragenden Akustik als Konzerthaus sehr geschätzt.

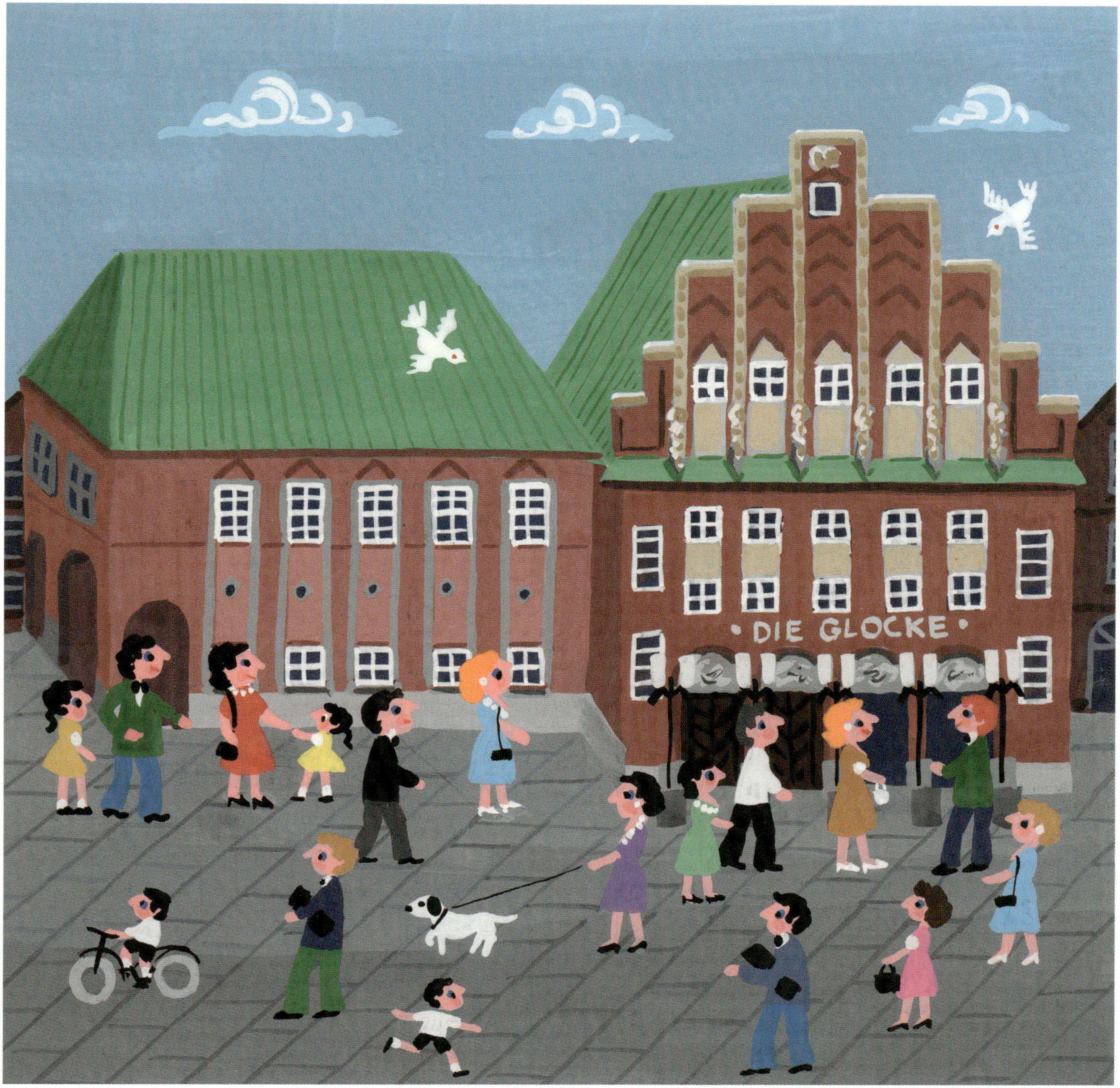
DIE GLOCKE

An der Weser

Auf einer Düne begann im 8. Jahrhundert die erste Besiedelung Bremens: Die geografische Lage an der Weser mit ihren Nebenarmen war außerordentlich günstig. Schon 782 wurde Bremen das erste Mal urkundlich genannt. Der Fluss begünstigte die Entwicklung der Stadt und bot durch Befestigungen Schutz vor Überfällen.
1358 wurde Bremen Mitglied der Hanse, ein Zusammenschluss von Kaufleuten zahlreicher europäischer Städte. Durch diese Vereinigung wuchs die Wirtschaft Bremens beträchtlich. Unterhalb der Altstadt entstand ein Hafen – heute ist die Weser an dieser Stelle ein Ort der Naherholung und Freizeitgestaltung.

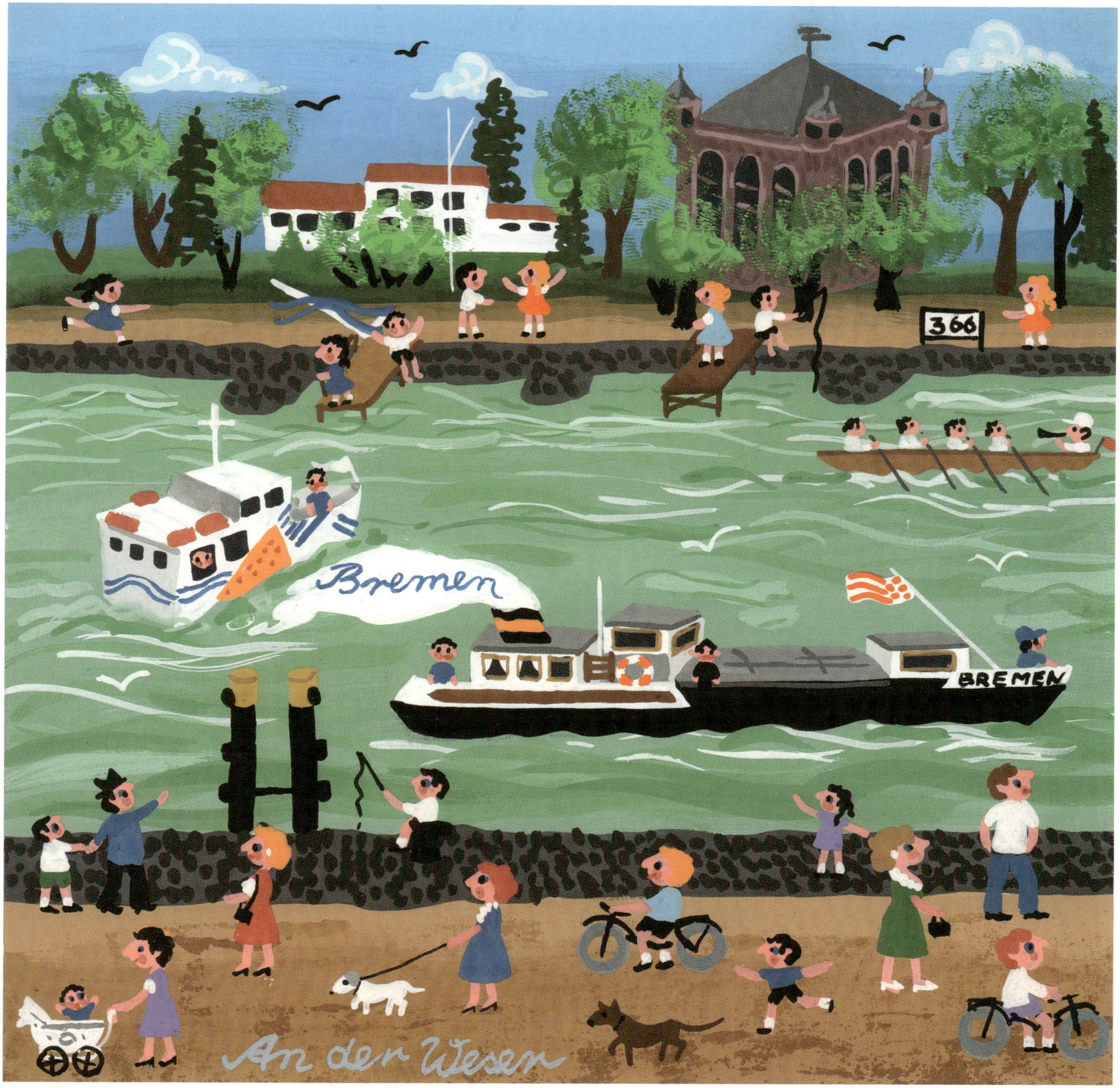
Bremen
BREMEN
366
An der Weser

Der Überseehafen

Nachdem die Weser immer mehr versandete, fuhren die Schiffe im 19. Jahrhundert nicht mehr Bremen direkt, sondern andere Häfen an. Daraufhin wurde 1887 der Europahafen erbaut, um den Handel wieder in die Stadt zu holen. 1888 wurde er zum Freihafen. Es entstanden zahlreiche Hafenbecken, zuletzt 1906 der Überseehafen. Er war Zoll-, und Freihandelszone, d. h. hier konnten Importgüter gehandelt, gelagert und wieder ausgeführt werden. Durch den veränderten Seeverkehr, vor allem durch das Containergeschäft, wurde das Hafenbecken schließlich nicht mehr benötigt. Der Überseehafen wurde zugeschüttet, und durch die erhalten gebliebenen Packhäuser entstand ein neuer Stadtteil, in dem sich Wirtschaft, Kunst und Kultur entwickeln konnten.

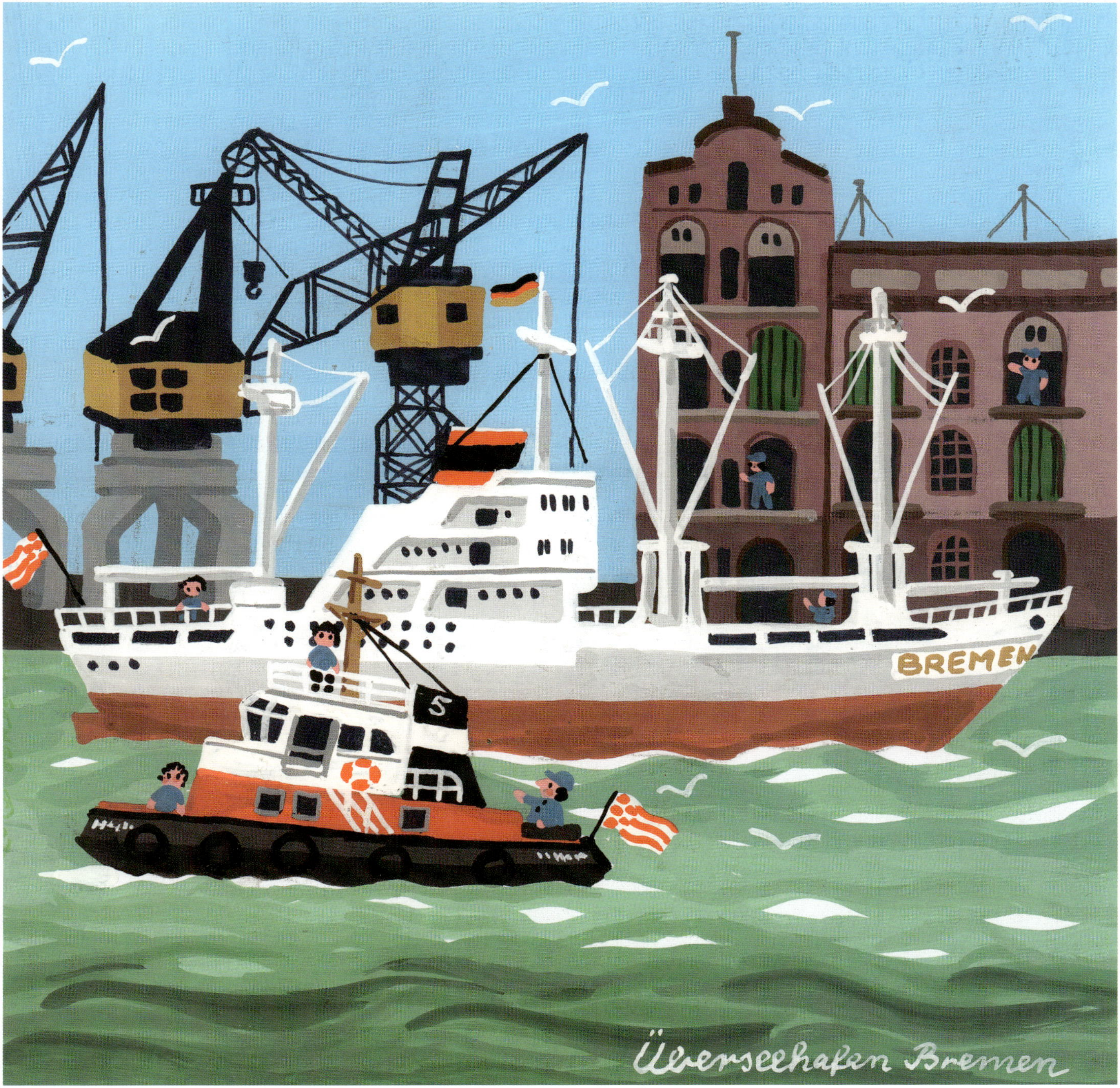
BREMEN
5
Überseehafen Bremen

Das Übersee-Museum

Die Anfänge des Museums reichen bis zur 1776 gegründeten »Gesellschaft Museum« zur Förderung der Naturwissenschaften zurück, deren Exponate im 19. Jahrhundert gemeinsam mit weiteren Sammlungen an den Senat übergingen. 1887 wurde der Zoologe Hugo Schauinsland Direktor der »Städtischen Sammlungen für Naturgeschichte und Ethnographie«, im Jahr 1896 konnte er seinen Vorschlag zum Bau eines Museums durchsetzen.
Im Zweiten Weltkrieg wurden viele wertvolle Exponate zerstört, danach wurden die Sammlungen konsequent wiederaufgebaut.
Seit 1951 trägt das Haus den Namen »Übersee-Museum« und beherbergt heute mehr als eine Million Objekte zu Völker-, Handels- und Naturkunde aus aller Welt.

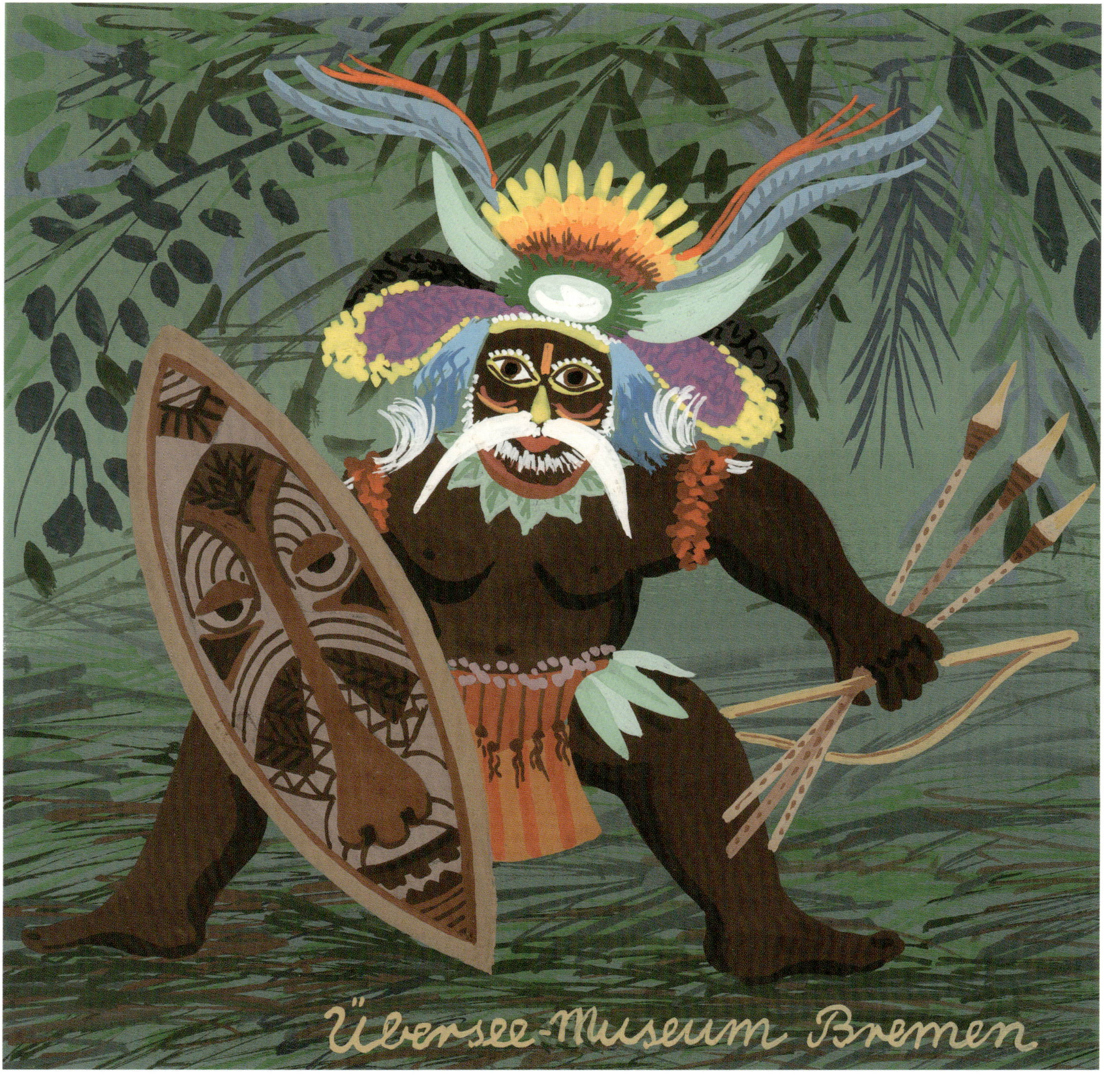
Übersee-Museum Bremen

Die Kunsthalle Bremen

1823 wurde der Bremer Kunstverein gegründet, der die Kunsthalle 1849 von Lüder Rutenberg erbauen ließ. Ende des 19. Jahrhunderts wurde sie zu einem öffentlichen Kunstmuseum. Es erfolgten zahlreiche Um- und Anbauten, um Platz für Wechselausstellungen und Vorträge zu schaffen. Im Laufe der Zeit erlangte die Kunsthalle mit ihrer großen Sammlung europäischer Malerei vom Mittelalter bis zur Gegenwart und einer Kollektion von Skulpturen vom 16. bis zum 20. Jahrhundert einen internationalen Ruf. Besonders bekannt ist das Kupferstich-kabinett mit einem Bestand von 200.000 Blättern, Handzeichnungen und Druckgrafiken von der Gotik bis in die Gegenwart.

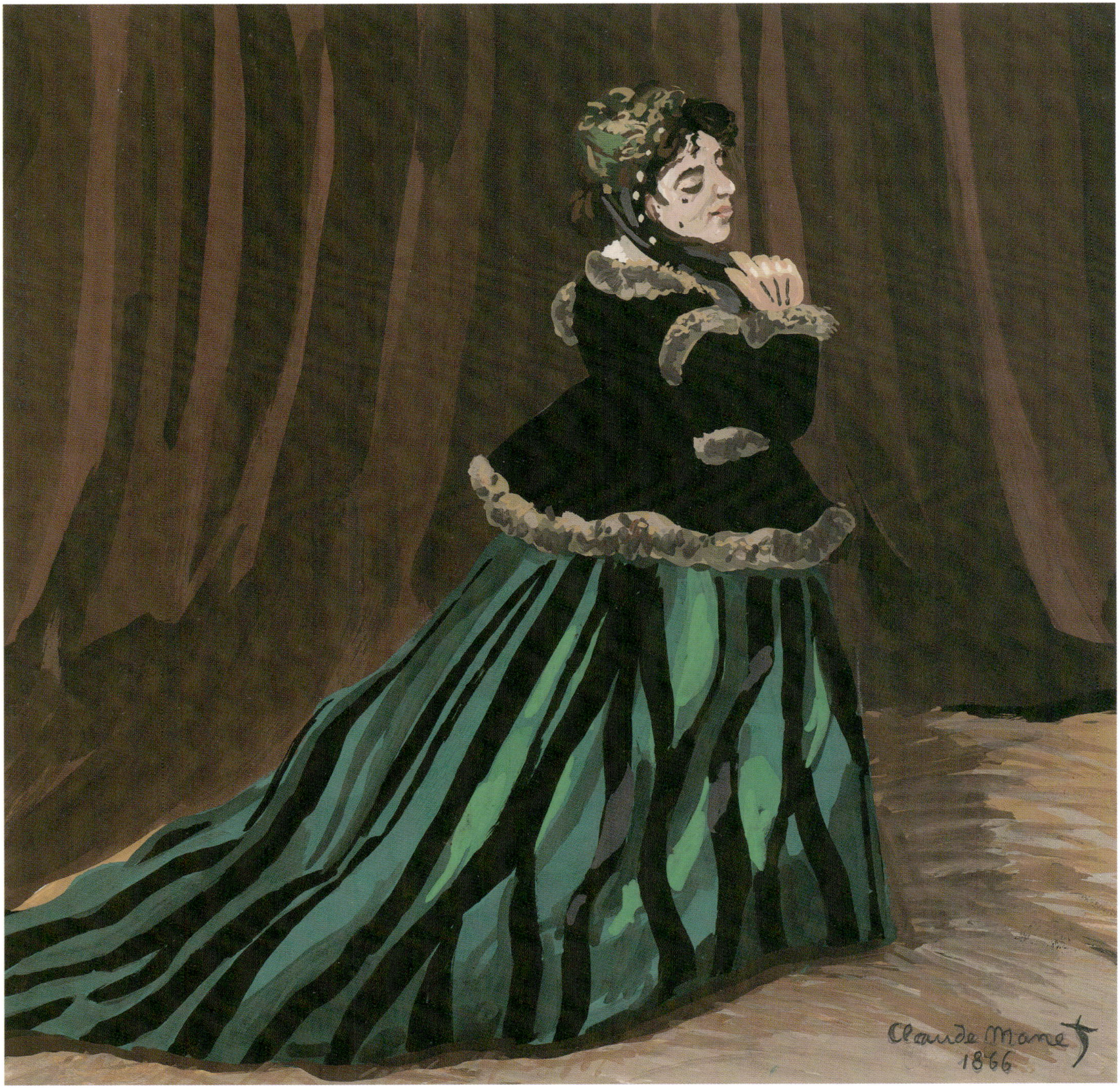
Claude Monet
1866

Das Focke Museum

Das Bremer Landesmuseum für Kunst und Kulturgeschichte wurde nach dem Gründer des »Historischen Museums für Bremische Altertümer«, Johann Focke (1848–1922), benannt. Durch die Zusammenlegung dieser Sammlung mit dem Gewerbemuseum im Jahr 1924 entstand das heutige Museum. Heute gibt es hier u. a. Ausstellungen zur Ur- und Frühgeschichte des Bremer Raumes, zur Stadtgeschichte und zur angewandten Kunst aus der Region. Daneben gibt es wechselnde Sonderausstellungen. Das Haus Riensberg, in der zweiten Hälfte des 18. Jahrhunderts als Herrenhaus des Guts Riensberg erbaut, wird seit 1953 vom Focke-Museum genutzt. Hier befinden sich Ausstellungsstücke zur bremischen Wohnkultur.

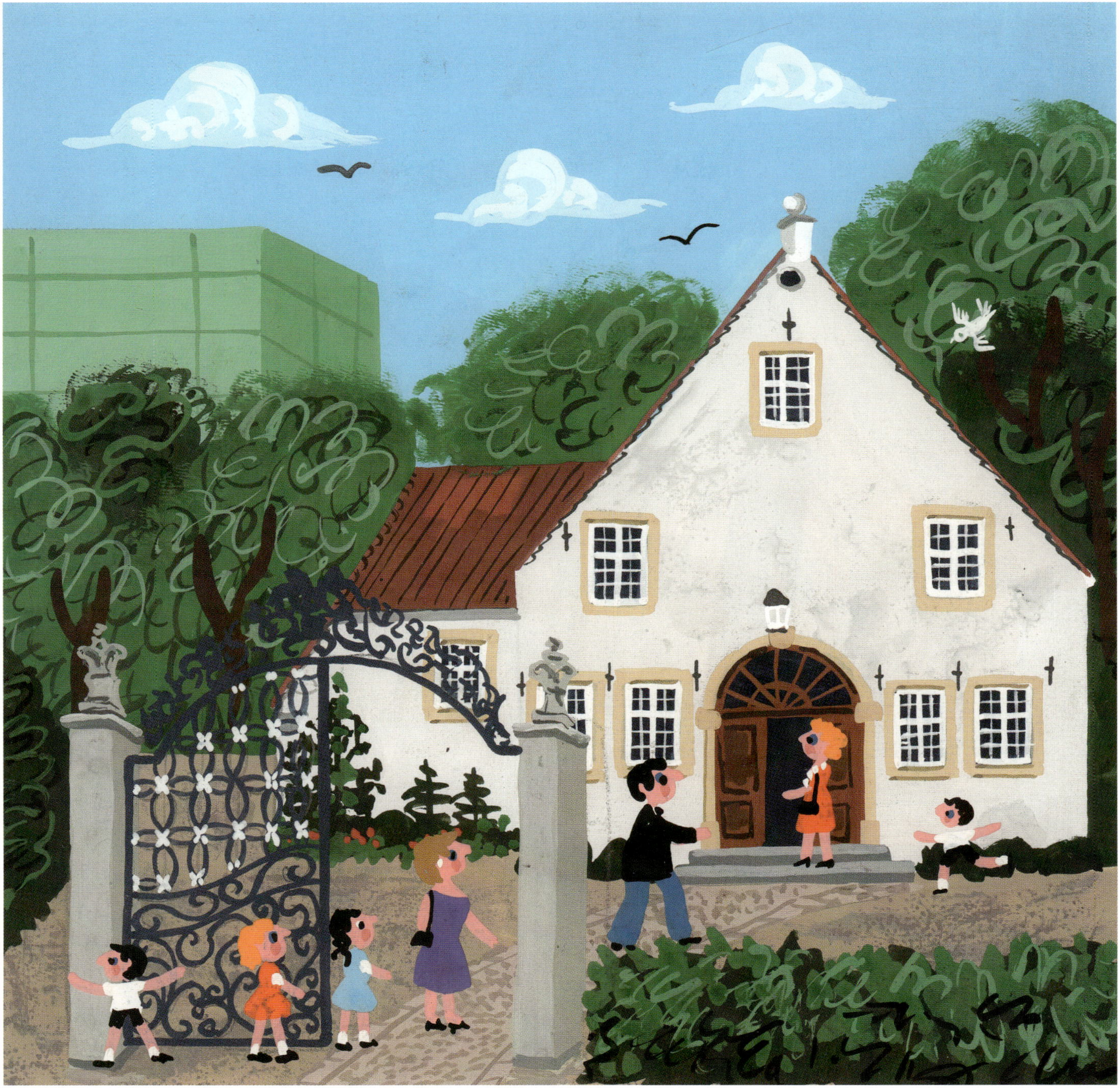

Die Wallmühle

Im Jahre 1802 wurde durch Rat und Bürgerschaft beschlossen, die Schutzwälle und Mauern Bremens abzutragen, um entlang des Stadtgrabens eine Grünanlage zu schaffen. Beauftragt wurde der Landschaftsgärtner J. H. A. Altmann, der die wunderschönen parkähnlichen Wallanlagen mitten im Zentrum der Stadt entwarf. Noch aus der Festungszeit erhalten geblieben war eine Mühle, die schon 1514 das erste Mal urkundlich erwähnt wurde. Heutzutage befindet sich in der Wallmühle ein Café.

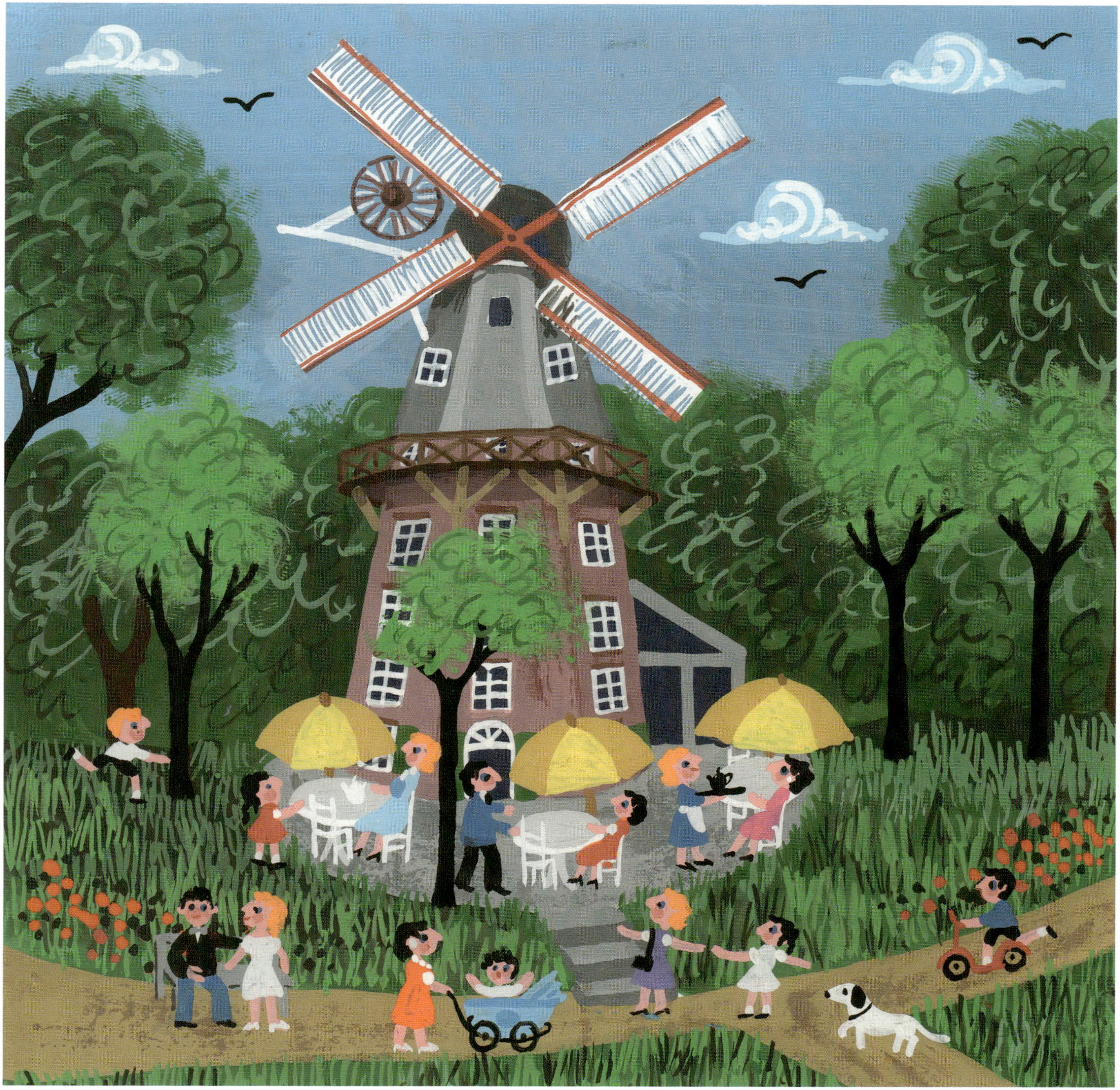

Der Bürgerpark

1866 wurde der Bürgerpark als Naherholungsgebiet für die Bremer Bürger auf ihre eigene Initiative hin angelegt. Wilhelm Benque entwarf die Anlage, in der barocke geometrische Gleichmäßigkeit mit »natürlich« verschlungenen Wegen zu einer harmonischen Landschaft vereint wurde.
Auch heutzutage schätzen die Bremer Bürger den großzügigen Park mit seinen ausgedehnten Wiesen, den Seen und Wasserläufen, den Spielplätzen, den Cafés, einem Trimmpfad, dem Bootsverleih und dem Minigolfplatz als ein Stück Erholung mitten in der Großstadt.

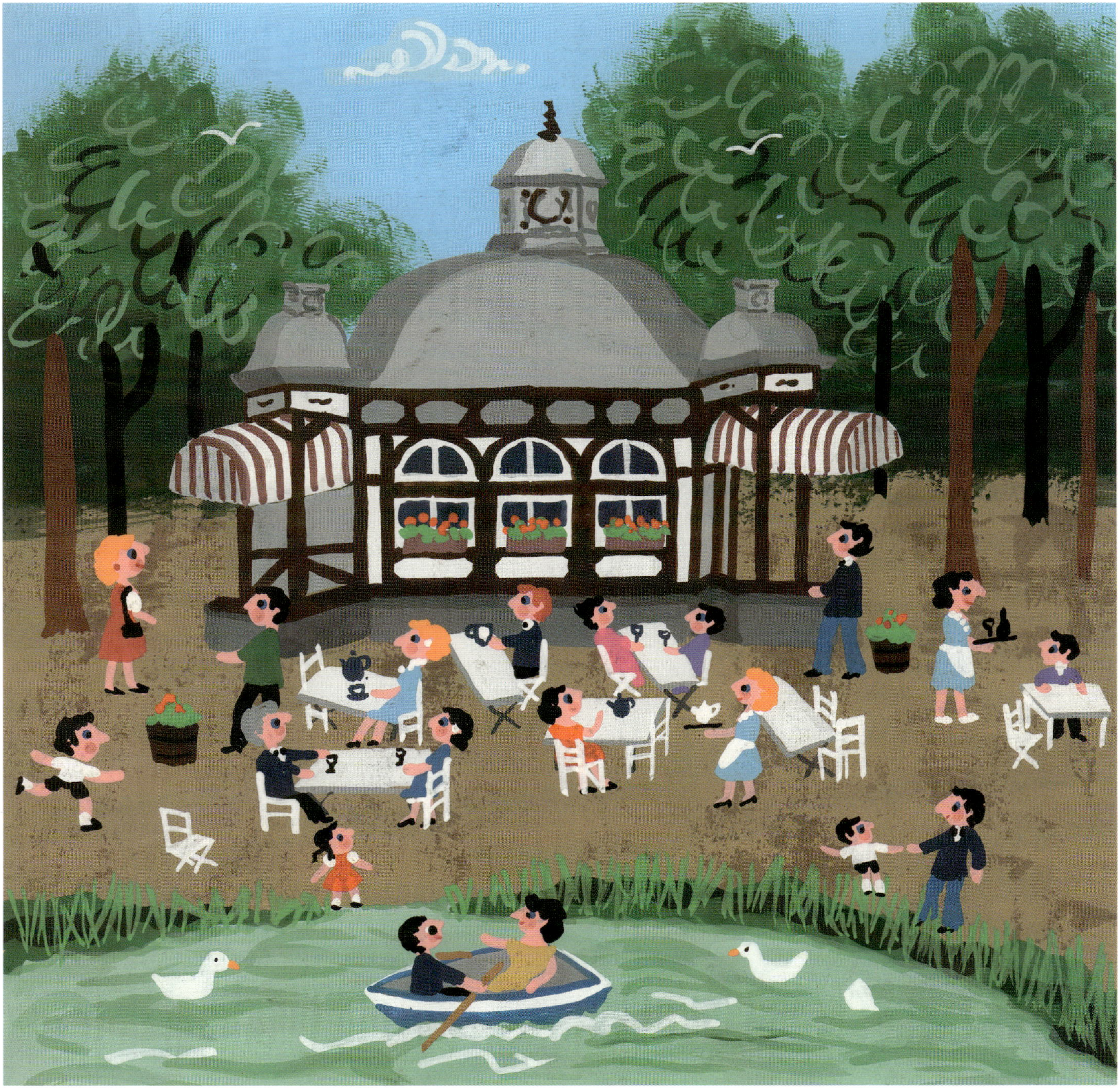

Das Universum

Das Science Center des Universums, das im Jahr 2000 eröffnet wurde, befindet sich auf dem Universitätsgelände unweit des Stadtwalds. Das sehr auffällige Gebäude, das an einen Wal oder eine Muschel erinnert, wurde von Thomas Klump entworfen. Hier kann man sich auf drei Expeditionen – zu den Themen Mensch, Erde und Kosmos – begeben und sich spielerisch viel Wissen über unser Universum aneignen.

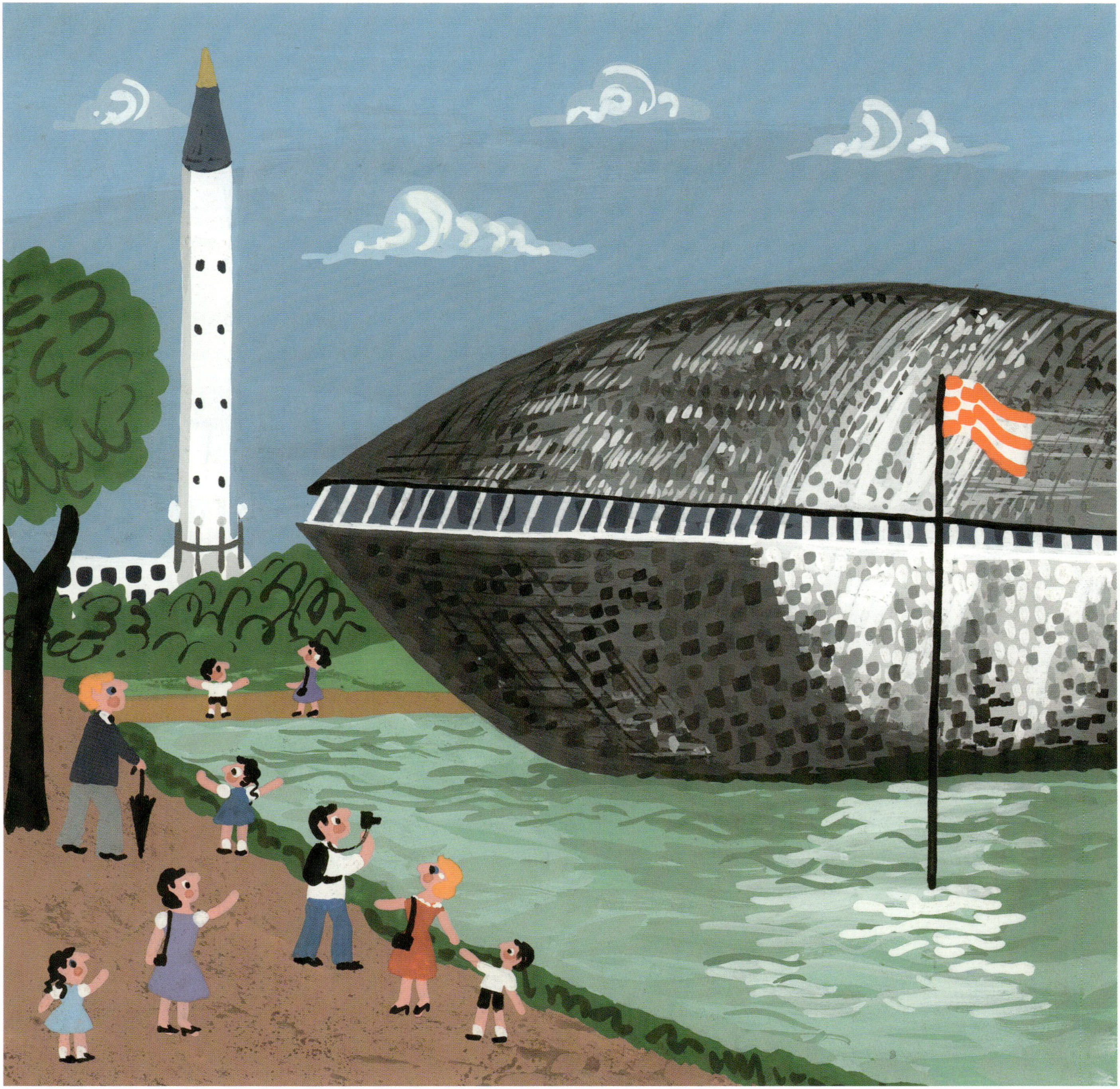

Der Hauptbahnhof

Der Bremer Hauptbahnhof ist einer der bedeutendsten Bauten der Bahnhofsarchitektur in Deutschland. Er wurde nach den Plänen von Hubert Stier im Stil der Neorenaissance erbaut und 1889 in Betrieb genommen. Allein die repräsentative Empfangshalle hat eine Höhe von 30 Metern und eine Länge von 132 Metern.
Der Bahnhof hat im Laufe der Jahre einige Umbauten erfahren und ist heute mit zahlreichen Geschäften und Gastronomieangeboten für die täglich etwa 100.000 Fahrgäste und Besucher ausgestattet.

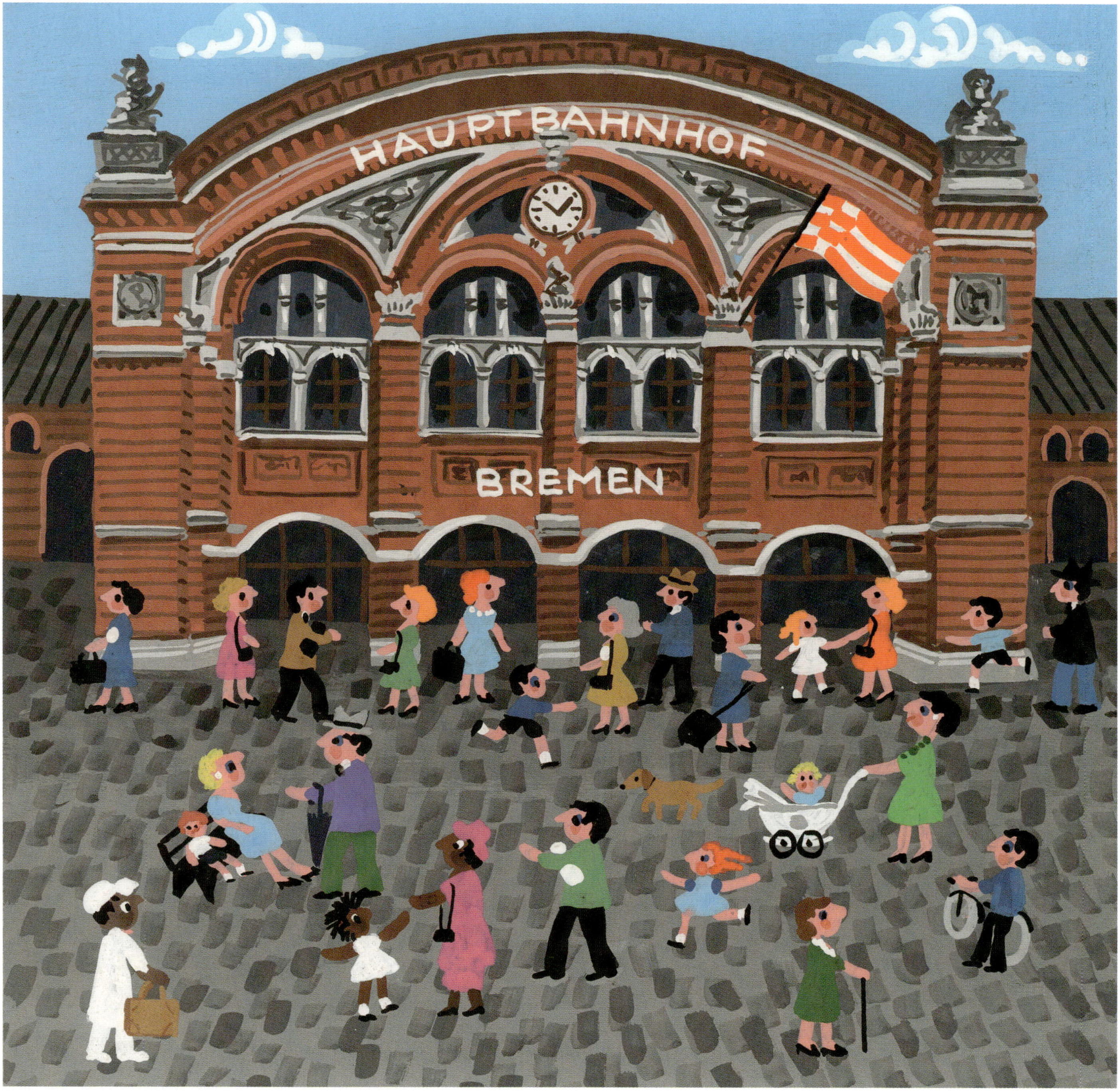
HAUPTBAHNHOF
BREMEN

Das Schnoor-Viertel

Wie Perlen an einer Schnur (plattdt. Schnoor = Schnur) sind die Häuser hier dicht aneinander aufgereiht. Das Schnoor-Viertel ist das Aushängeschild Bremens und der einzige erhaltene Teil der mittelalterlichen Bremer Altstadt. Damals lebten hier hauptsächlich Handwerker, Schiffer und Fischer.
1959 wurde mit der Denkmalpflege des Schnoor begonnen: Die Häuser wurden saniert und kriegsbedingte Baulücken geschlossen. Heute ist das Viertel mit seinen malerischen Häusern, den engen Gassen und den zahlreichen Läden und Galerien eine berühmte Sehenswürdigkeit.

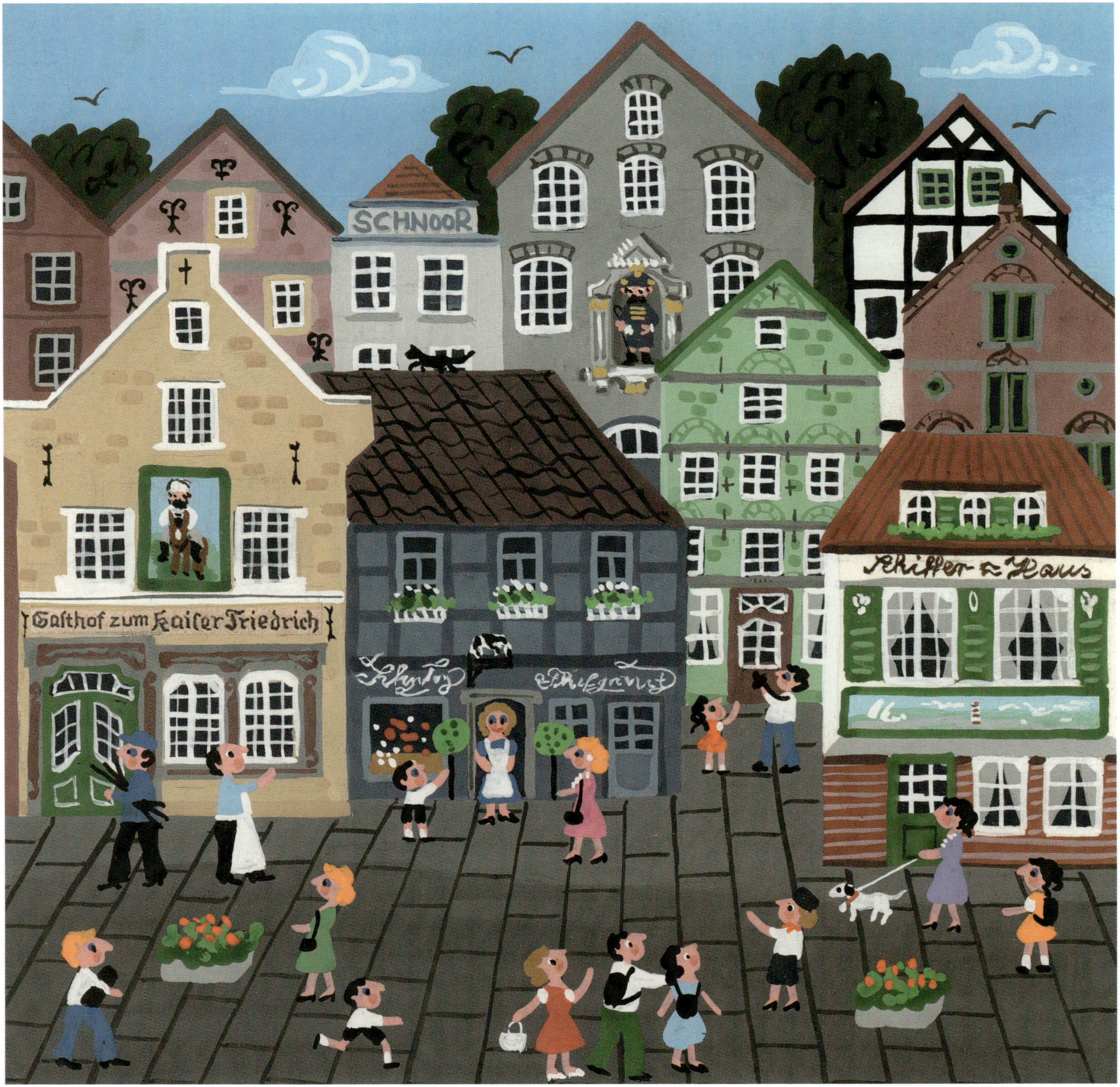
SCHNOOR
Gasthof zum Kaiser Friedrich
Schiffer-Haus

Jacobus Major

Dieses um 1660 entstandene Standbild aus Holz befindet sich in einer Nische am Packhaus im Schnoor (Wüstestätte 10). Im Volksmund wird es »Juxmajor« genannt.
Der heilige Apostel Jacobus der Ältere, Schutzpatron der Pilger, Kaufleute und Seefahrer, wurde 44 nach Christus unter Herodes enthauptet. Die Legende erzählt, dass sein Körper auf ein Schiff ohne Besatzung gebracht wurde und der Wind ihn bis an die Küste Spaniens, an den Ort Compostela, trieb. Über seinem Grab wurde eine Kathedrale errichtet: »Santiago de Compostela«. Bis heute pilgern zahlreiche Gläubige über den Jakobsweg zu dieser Kirche.

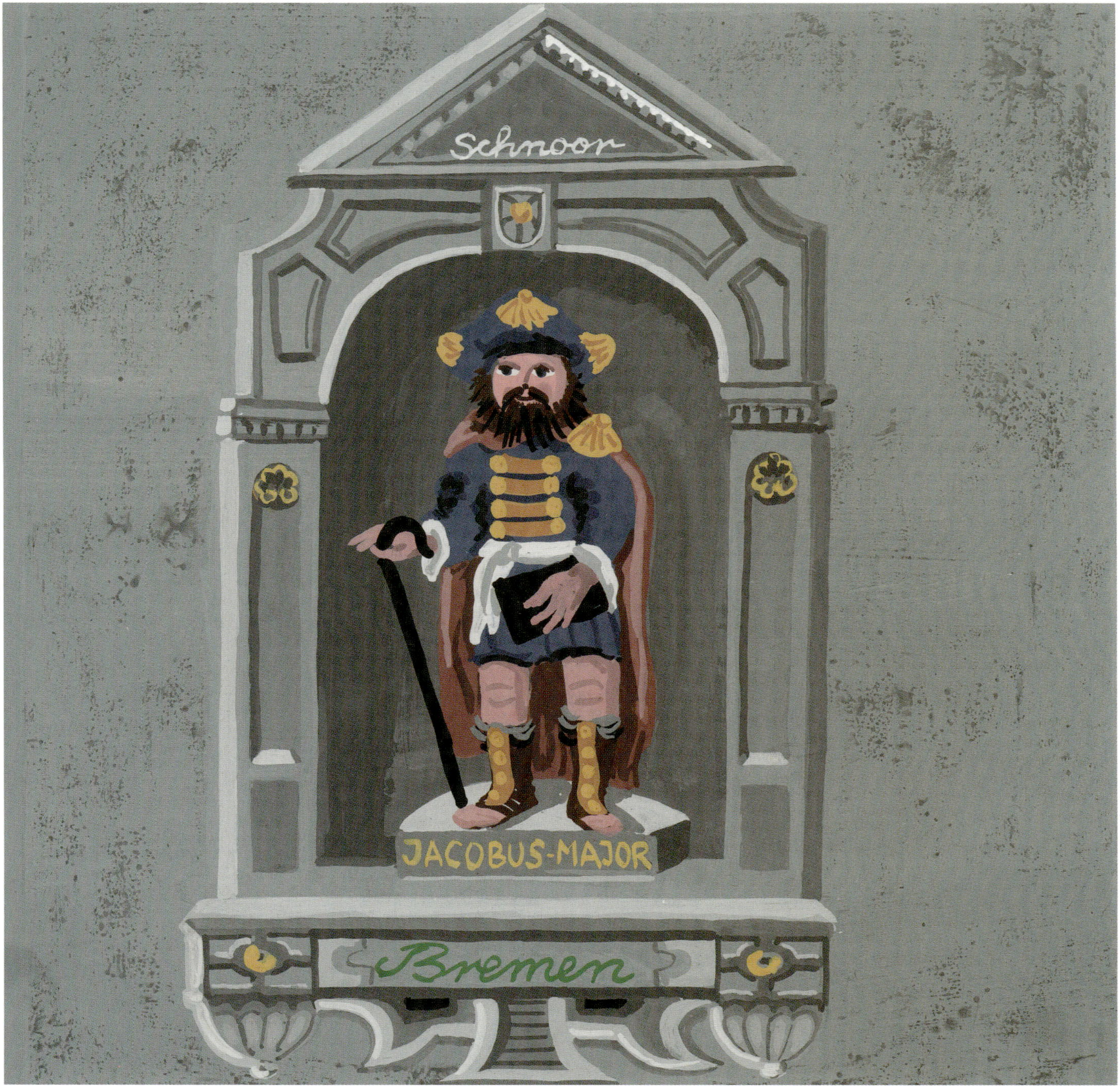
Schnoor
JACOBUS-MAJOR
Bremen

St. Johann

In der Mitte des 13. Jahrhunderts zogen die Franziskaner, auch Barfüßermönche genannt, in Bremen ein. Sie erwarben Grundbesitz und erbauten südöstlich vom Dom ein Kloster mit einer großen Kirche, die sie dem heiligen Johannes widmeten.
Die dreischiffige Hallenkirche aus rotem Backstein ist in den wesentlichen Teilen heute noch erhalten und das einzige katholische Gotteshaus in der Altstadt.

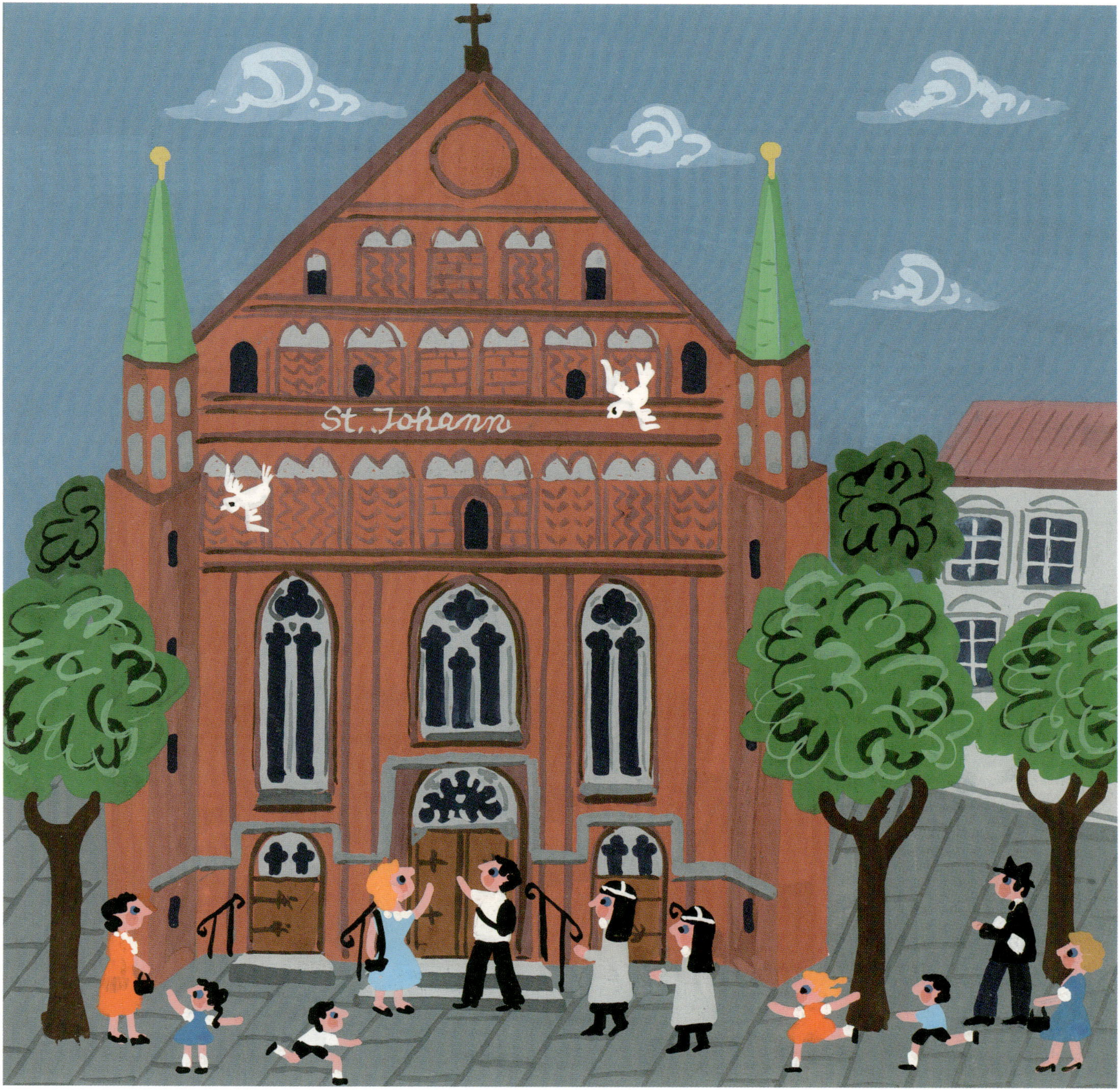
St. Johann

Die Bremer Stadtmusikanten

Das Märchen um die vier Stadtmusikanten ist in aller Welt bekannt:
Ein alter Esel läuft vor seinem Herrn davon, bevor ihn das Schicksal anderer alter Nutztiere ereilt, und macht sich auf den Weg nach Bremen. Dort will er Stadtmusikant werden. Auf seiner Reise begegnet er einem Hund, einer Katze und einem Hahn, die alle mit nach Bremen ziehen. Im Wald, auf der Suche nach einem Schlafplatz, finden die Tiere schließlich ein Haus, in dem einige Räuber an einem reich gedeckten Tisch sitzen. Mit einer List verjagen sie die Räuber und nehmen das Häuschen in Besitz. Und dort gefällt es ihnen so gut, dass sie gar nicht mehr fortgehen.
Die Bremer Stadtmusikanten sind also eigentlich gar keine Bremer, denn hier kamen sie nie an.

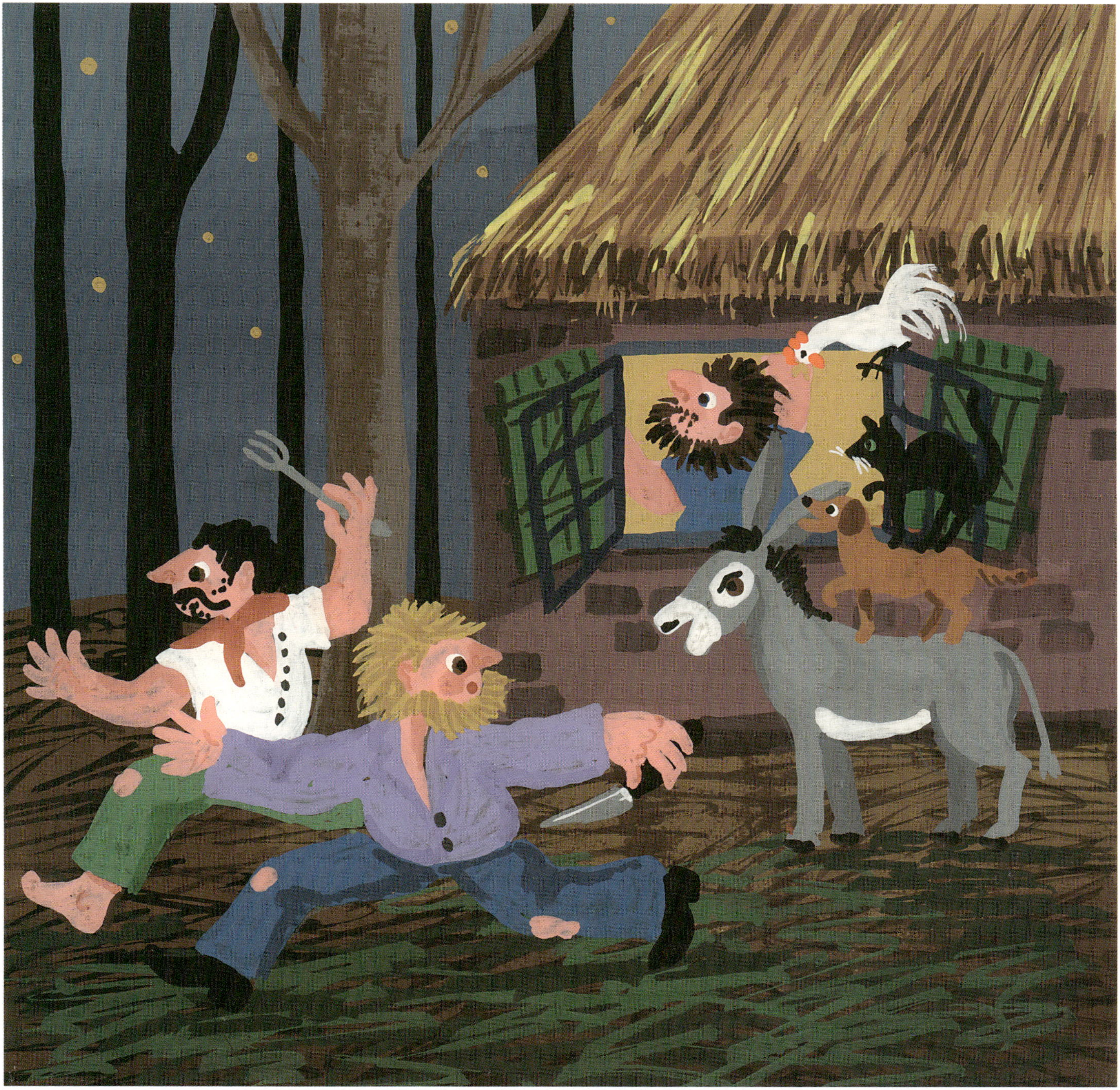

Werder Bremen

1899 wurde der Vorläufer von Werder Bremen, der »Fußballverein Werder von 1899«, gegründet. Er wurde nach seinem ersten Fußballplatz auf dem Stadtwerder benannt.
1913 erfolgte die Aufnahme in die Norddeutsche Fußballverbandsliga.
Ab 1920 wurde der Name in »S. V. Werder« geändert, da mit Tennis und Leichtathletik weitere Sportabteilungen hinzugekommen waren.
Im Jahr 1933 wurde das Weserstadion bezogen. Nach dem zweiten Weltkrieg erfolgte die Neugründung, danach ging es für die Fußballmannschaft immer weiter bergauf. Heute zählt Werder Bremen zu den erfolgreichsten Fußballvereinen Deutschlands. 1965, 1988, 1993 und 2004 wurde die Mannschaft Deutscher Meister, außerdem gewann sie 1992 den Europapokal der Pokalsieger sowie mehrfach den DFB Pokal.

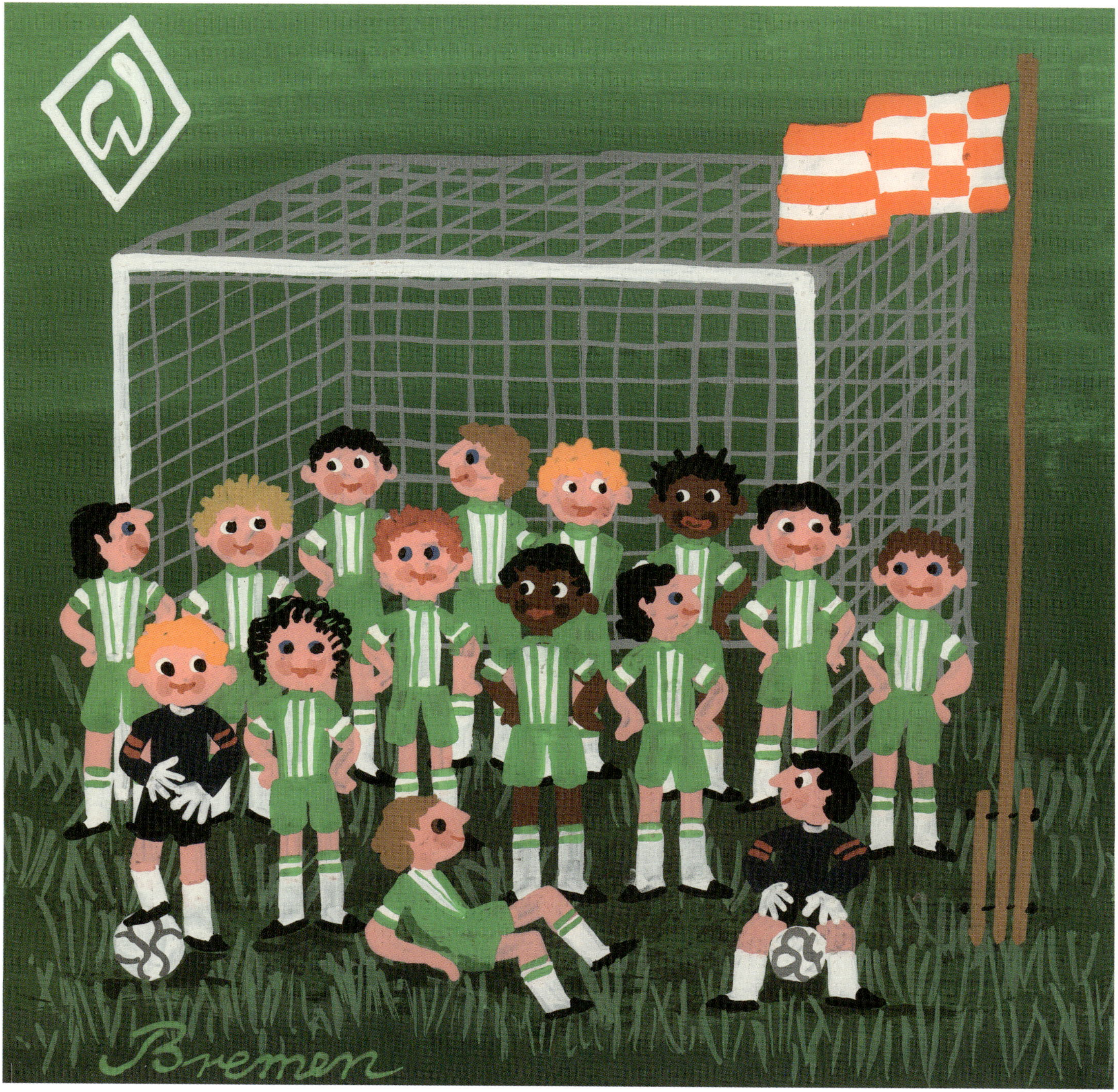
Bremen

Der Freimarkt

Die Ursprünge des Freimarktes gehen bis ins 11. Jahrhundert zurück. Auf dem Kirchhof »Unser Lieben Frauen« wurden damals zweimal jährlich Waren des täglichen Lebens gehandelt. Und weil jeder, auch ein Ortsfremder, hier alles verkaufen durfte, wurde der Markt »Freimarkt« genannt.
In der zweiten Hälfte des 19. Jahrhunderts entwickelte er sich immer mehr zu einem Volksfest. Da der Platz allmählich zu klein wurde, wurde der Markt 1934 auf die Bürgerweide hinter dem Hauptbahnhof verlegt, wo er noch heute stattfindet. Doch auch in der Innenstadt sind während der 17 Tage zahlreiche Buden zu finden.
Mit einer Fläche von über 100.000 Quadratmetern und vier Millionen Besuchern ist der Freimarkt das größte Volksfest in Norddeutschland.

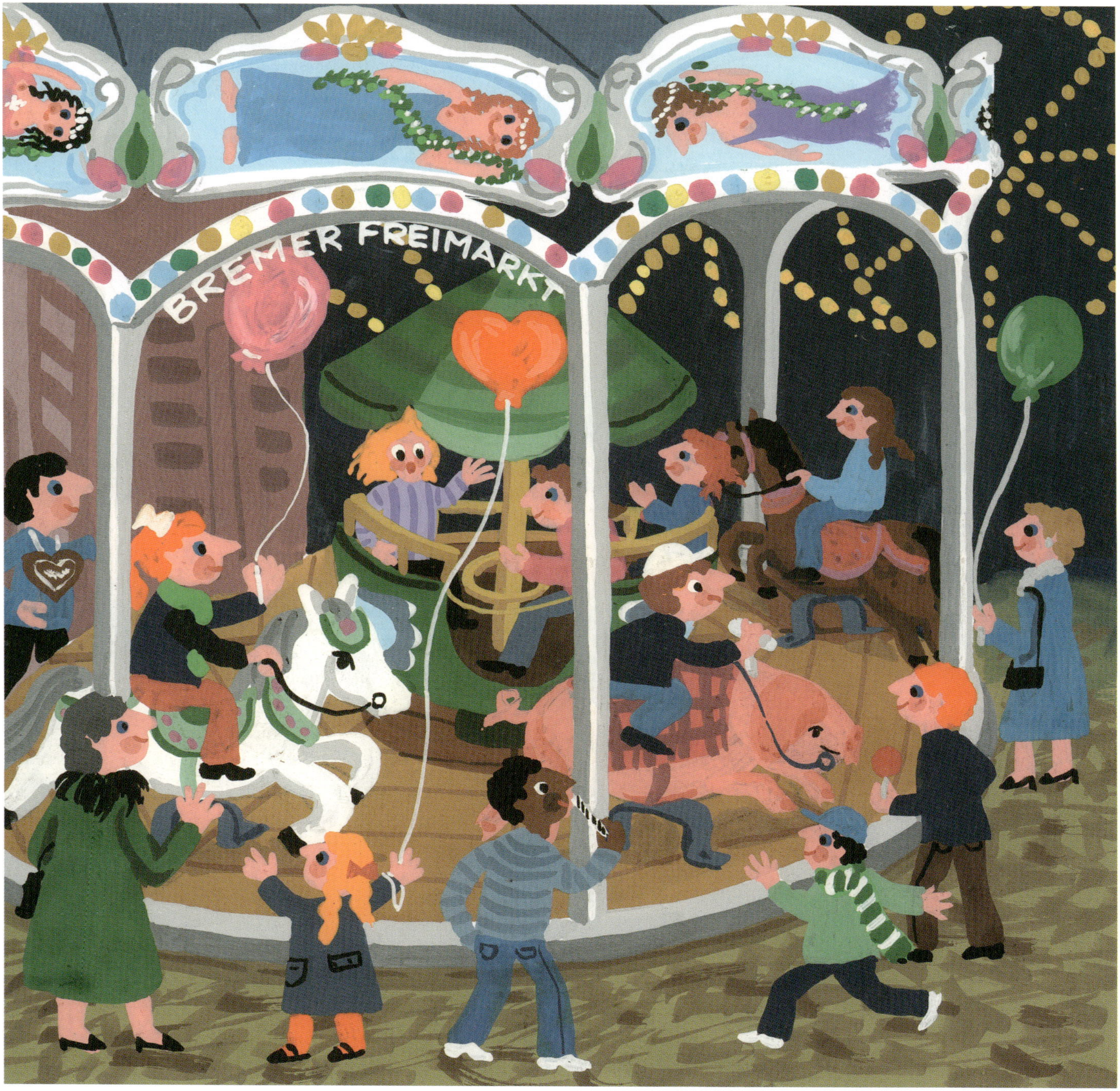
BREMER FREIMARKT

www.schuenemann-verlag.de

Text & Illustration: Christiane Etmer-Baden
Satz und Buchgestaltung: Carl Schünemann Verlag Bremen

Printed in EU | ISBN 978-3-7961-1949-1